111 REGELN FÜR MEINEN SOHN

FÜR PAUL

FRANK HERTEL

111 REGELN FÜR MEINEN SOHN

EINE LIEBEVOLLE ANLEITUNG ZUM ERWACHSENWERDEN

MIT ILLUSTRATIONEN
VON JANA MOSKITO

SCHWARZKOPF & SCHWARZKOPF

VORWORT

LIEBER SOHN,

gerade habe ich das Vorwort für das Buch *111 Regeln für meine Tochter* geschrieben. Und jetzt bist du dran. Es ist wirklich schön, dass ich eine Tochter und einen Sohn habe. Das hat mir nicht nur die Möglichkeit gegeben, zwei Regelbücher zu schreiben, sondern auch die Einsicht gebracht, dass Männer und Frauen tatsächlich unterschiedlich sind. Ich weiß nicht, warum das so ist, und es fällt mir schwer zu glauben, dass es wirklich nur an der Erziehung liegt. Wir erziehen euch doch gar nicht unterschiedlich. Ihr seid es einfach. Ein Junge und ein Mädchen. Ich bin froh, dass ich euch habe.

111 Regeln sind schwer einzuhalten. Vor allem, wenn man alle gleichzeitig befolgen soll. Pick dir ein paar Lieblingsregeln heraus und versuche, sie einzuhalten. Mit 15 werden dir in dem Buch andere Regeln gut gefallen als mit 30 oder 50. Es ist ein All-Age-Buch. Du kannst es in jedem Alter lesen. Eine Regel ist sogar extra für alte Opas geschrieben. Die Regeln decken nicht alle Lebensbereiche ab, die es gibt, sondern nur die, die ich kenne. Ich kann dir also nicht verraten, wie du bei *World of Warcraft* das 94. Level erreichst, denn ich weiß gar nicht, ob es da überhaupt Level gibt.

Aus deiner Sicht ist das hier wahrscheinlich das Buch eines alten Mannes. Als ich jung war, gab es noch keine Handys, keine PCs und keine aalglatten Politiker. Aber sonst gab es alles. Uns trennt eine Generation. Ganz kann ich die Brücke zu euch Jungen nicht schlagen. Es bleibt ein Rest, den ich an euch nicht verstehe und den ihr an euren Vätern nicht verstehen könnt. Diesen Rest sollten wir auch nicht einebnen. Wir Väter haben einen Vorteil, wenn uns die jungen Leute nicht ganz verstehen. Das macht uns interessant. Bei dir wird es später übrigens genauso sein.

In diesem Buch fordere ich dich hin und wieder auf, ein paar Kinder in die Welt zu setzen. Das ist purer Egoismus. Ich will Enkel. Denn Opas und Enkel verstehen sich ganz hervorragend miteinander. Ich mochte meinen Opa sehr gern. Und du hättest deinen Opa väterlicherseits auch sehr gern gemocht. Stell dir vor, dein Sohn, du, ich, mein Vater, mein Opa, dessen Vater und wiederum dessen Vater sitzen alle beisammen und trinken Bier und reden. Was wäre das für ein Spaß!

Ansonsten geht es bei vielen der Regeln ganz profan zu. Ich gebe dir Anmachtipps, verrate, wie du reich wirst, es geht um Frauen, Bier, Fleisch und Geld. Klassische Männerthemen. Woher ich weiß, dass du dich für so etwas interessierst? Es ist halt so. Alle Männer sind ein Mann, alle Frauen sind eine Frau. Adam und Eva leben immer noch. Und die Welt wird immer mehr zum Paradies.

Nein, ganz so ist es natürlich nicht. Es gibt jede Menge Leid auf der Erde. In dem Buch weise ich darauf hin, dass dieses Leid nicht vom Himmel fällt, sondern durch das Fehlverhalten einiger Menschen verursacht wird. Es gibt tatsächlich bestimmte Typen, die aus dieser Welt einen paradiesischen Ort machen könnten, wenn sie nur wollten. Dass europäische Banken mit Milliarden von Euro gerettet werden und gleichzeitig in vielen Ländern Menschen vor Hunger sterben, ist einer der vielen Widersprüche, aus denen diese Welt gemacht ist.

Ich zeige mit dem Finger auf diese Widersprüche, manchmal haue ich auch mit dem Vorschlaghammer drauf. So gehört sich das. Viele Schriftsteller haben vergessen, dass das Wort eine mächtige Waffe ist. Irgendeiner hat mal gesagt, dass ein Schriftsteller die Füße auf dem Boden, den Kopf in den Wolken und im Mantel einen Dolch haben sollte. Klingt vielleicht ein bisschen martialisch, aber es ist schon was dran. Wir Männer sind nicht als Waschlappen geboren. Die Frauen sind heute so hart geworden, da können wir Männer nicht weicher werden. Wir müssen Schritt halten.

Dieses Buch ist also ein sogenanntes Männerbuch. Es reicht uns aber nicht, einen Fünftagebart zu tragen und uns mit den Fäusten auf die Brust zu trommeln. Männlichkeit hat nichts mit unzivilisierter Wildheit zu tun. Es geht eher um zielgerichtetes, effektives Handeln. Egal in welche Richtung du gehen wirst, dieses Buch hilft dir, schneller anzukommen. Lies es mit Verstand.

Viel Spaß damit.
Dein Vater

REGEL 1

SEI EIN MANN

Mann oder Maus? Vor dieser Frage wirst du dein ganzes Leben stehen, immer wieder. Nicht in jeder Minute, aber mehrmals in der Woche. Wenn du Glück hast, vielleicht auch nur ein paarmal im Monat. Ein Mann ist man nicht, wenn man aussieht wie ein Mann, wenn man Haare am Kinn und zwischen den Beinen eine Beule hat. Wenn Simone de Beauvoir recht hat, dann wird man nicht als Mann geboren, sondern zum Mann gemacht. Ein Mann ist ein Symbol, ein Ideal, und zwar ein positives Ideal. Ein Mann ist hart und mutig. Ein Mann tut, was er sagt, er ist konsequent und moralisch, skrupellos und sensibel, intelligent und durchsetzungsstark, edel und kräftig, schön, gut und wahr. Du merkst schon: So einen Typen gibt es in Wirklichkeit gar nicht. Männlichkeit ist ein Ideal, dem die Penisträger nachfolgen sollen. Also auch du, mein Sohn. Viel Spaß dabei. Es ist nicht leicht, ein Mann zu sein.

Du bist mit deiner Freundin in der Innenstadt. Ihr sitzt im Café und schleckt Eis. Ein alter Knacker mit Glatzkopf und Vollbart kommt an euren Tisch und macht deine Freundin an. Er ist besoffen und lallt. Er ist entfesselt und zudringlich. Er beleidigt dich und grapscht dein Mädchen an. Was machst du? Rufst du die Polizei? Haust du ab? Oder stellst du dich dem Idioten in den Weg und sagst ihm klar und deutlich: »Finger weg von meiner Frau, sonst gibt's Probleme, alter Mann!« Wenn du ein Mann sein willst, musst du die letzte Variante wählen. Auch wenn du dir vor Angst in die Hosen scheißt.

Deine Familie macht einen Ausflug in den Bayerischen Wald. Es ist März und immer noch liegt Schnee in den Wäldern. Es ist hundekalt. Dein Junge schreit. Er kann nicht mehr laufen. Dir tut das Kreuz weh, sehr weh. Was machst du? Lässt du deinen Kleinen plärren? Oder nimmst du ihn auf die Schultern und überwindest deinen Schmerz? Ein Mann steckt zurück. Das Kreuz kann warten.

Ihr habt kaum noch Geld. Im Lokal könnt ihr noch zwei Paar Wiener mit Brötchen kaufen. Dir knurrt der Magen. Aber du lässt alles deinen Sohn, deine Tochter und deine Frau aufessen. Du bist der Mann, du brauchst nichts. Du bist in der Lage zu verzichten. Du bist der Fels in der Brandung. Auf dem Heimweg trägst du nicht nur deinen Jungen, sondern auch noch das Einrad deiner Tochter. Als ihr beim Auto seid, sind deine Kreuzschmerzen weg. Du hast sie ignoriert und dadurch besiegt. Du hast dich als Mann gezeigt.

Verstehst du, was einen Mann ausmacht? Du trägst die Welt auf deinen Schultern. Dich schickt man in den Krieg. Frauen und Kinder werden geschont. Du bist der Mann. Mit dir kann man es machen. Niemand dankt dir. Man erwartet dein Opfer, denn du bist der Mann. Es könnte sein, dass du als kleiner Junge stolz darauf bist, ein Mann zu sein. Irgendwie gibt man dir zu verstehen, dass man es als Mann besser hat, ja, dass ein Mann besser *ist* als eine Frau. Das ist großer Quatsch. Überall schwebt und vibriert dieses Denken in der Luft herum, aber es ist falsches Denken. Einem Mann wird mit dieser Lüge nur Honig ums Maul geschmiert. Man versucht zu vertuschen, dass der Mann in Wirklichkeit der Idiot im Geschlechterkampf ist.

Kurz vor der Geburt unseres ersten Kindes, deiner Schwester, sagten wir meinem Opa, der damals noch lebte, dass es ein Mädchen wird. Darauf sagte er sehr glücklich: »Seid froh, eine Tochter wird nicht in den Krieg ziehen müssen.« Fünf Jahre nach der Tochter bekamen wir dich, unseren Sohn. Im Notfall wird man dich in den Krieg schicken. Und auch in Friedenszeiten wird man dich hart rannehmen.

REGEL 2

ES GIBT ZU VIELE MÄNNER

Im Lauf deines Lebens wirst du dir vielleicht öfter die Frage stellen, warum man mit Männern so schäbig und verschwenderisch umgeht. Im Arbeitsleben werden Männer richtig missbraucht. Sie arbeiten sich ab, bis sie völlig verbraucht sind, dann werden sie rausgeschmissen und durch andere Männer ersetzt. Vom Krieg brauchen wir gar nicht zu reden. Da opfert man Tausende Männerleben pro Tag. Wenn ein Mann so toll ist, wie es immer heißt, warum schützt man ein Männerleben dann nicht besser?

Es gibt zu viele Männer auf der Welt und ich sage dir gleich warum. Muss ich dich noch aufklären oder weißt du schon, wie Kinder entstehen? Wenn du es noch nicht weißt, frag schnell deine Mama oder gib im Internet bei Google das Wort »Sex« ein, dann weißt du Bescheid. Männer zeugen Kinder. Ein Mann könnte prinzipiell über 1.000 Kinder zeugen, eine Frau kann aber nicht 1.000 Kinder gebären. Deswegen sind Frauen evolutionär wichtiger als Männer. Eine Menschengruppe kann mit zwei Männern und 20 Frauen schneller wachsen als mit 20 Männern und zwei Frauen. In unterentwickelten Ländern hat man das noch nicht wirklich begriffen. Im Westen kommt man langsam auf den Trichter. Unbewusst wird allerdings schon längst überall im Sinn der Evolution gehandelt. Das heißt, überall werden Männerleben verschwenderischer geopfert als Frauenleben. Weil es zu viele Männer gibt.

Deswegen ist der Konkurrenzkampf unter Männern auch viel härter. Bei Frauen spricht man vom »Zickenkrieg«. Da wird geschimpft und gezetert, aber letztlich bleibt der Streit harmlos. Wenn sich Männer richtig streiten, werden bald die Waffen gezogen. Bei Männern geht es schnell um Leben und Tod. Männer bringen sich gegenseitig um. Weil sie insgeheim wissen, dass es sowieso zu viele

Männer auf dem Planeten gibt. Schau dir die Bienen, die Wespen, die Ameisen und die Termiten an. Da gibt es immer nur ein paar wenige Männchen, die den ganzen Tag ihre vielen Weibchen begatten. Schau dir einen Hühnerhof an. Ein Hahn mit 20 Hennen. Ein Stier mit 100 Kühen. So sieht das aus. Im Prinzip ist es bei den Menschen genauso. Man spricht aber nicht gern darüber. Bei uns heißt es: Mama und Papa, ein Mann und eine Frau, die Ehe. Aber die Ehe ist eine Erfindung der Kirche. Heute wird die Hälfte aller Ehen geschieden. Du kannst dir vorstellen warum.

Du weißt jetzt, warum man Männer in den Krieg schickt, Frauen hingegen nicht. Dass Männer grundsätzlich stärker sind als Frauen, ist ein Märchen. Das stimmt nicht. Es gibt starke und schwache Frauen, wie es starke und schwache Männer gibt. Männer sehen auch nicht besser als Frauen, sie können nur besser schießen, weil man es ihnen beibringt, Frauen hingegen nicht. Männer sind auch psychologisch nicht besser für den Krieg gerüstet als Frauen. Natürlich könnte man auch die Frauen an die Front schicken. Aber man tut es nicht, weil es grundsätzlich immer zu wenig Frauen und zu viele Männer gibt. Dass man die Männer kämpfen lässt und die Frauen zu Hause bleiben dürfen, hat nur diesen einen Grund. Es gibt dafür keinen anderen. Merk dir das.

REGEL 3

DEIN BESTES STÜCK BRAUCHT AUSLAUF

Als Mann verfügst du über einen Penis. Für den gibt es viel schönere Worte, aber die politische Korrektheit erfordert es, einen Penis auch so zu nennen. Als Mann stehst du in ständiger Konkurrenz mit anderen Männern, und die Größe des Penis spielt dabei eine immense Rolle. Der durchschnittliche Männerpenis ist 60 Zentimeter lang und wiegt sieben Kilo. Wenn du Lust hast, nimm ein Maßband und schau nach, ob du im Schnitt liegst. Wenn du kein Maßband hast, frag die Frau, mit der du gerade zusammen bist. Frauen haben in dieser Hinsicht einen besseren Überblick. Wenn du ein unzivilisierter Perversling werden willst, kannst du auch auf Männertoiletten oder in Männerduschen Informationen einholen. Letztlich ist die Größe allerdings nicht so wichtig wie die Nutzungsfrequenz. Dein bestes Stück braucht Auslauf.

Dass es nicht leicht ist, seinen Penis Gassi zu führen, wirst du schon noch merken. Dieses Problem wird dich ein Leben lang begleiten. Ständig stehst du vor der Frage, wie du die unendliche Gier deiner Kronjuwelen stillen sollst. Du bist kein römischer Kaiser, kein IWF-Chef, kein katholischer Priester und kein Pornostar. Wie also sollst du deinen Trieb befriedigen? Die Antwort auf diese Frage kann ich dir an dieser Stelle nicht geben. Da müssen wir uns mal in einer warmen Sommernacht bei Bier und Kerzenlicht zusammensetzen. Ohne Zuhörer, ohne Kameras, ohne Frauen. Erinnere mich daran, wenn es so weit ist.

Es heißt immer, ein guter Hahn wird nicht dick. Warum sind die deutschen Männer dann die dicksten Männer Europas? Warum hat Deutschland eine der niedrigsten Geburtenraten der Welt? Weil sich hier keiner an Regel 3 hält. Gönn deinem kleinen Mann ein bisschen Spaß. Versaure nicht in einer festen Beziehung ohne

Kinder. Sei doch nicht so furchtbar treu. Du bist nicht verheiratet? Warum hältst du dich dann an Treueregeln? Bist du sicher, dass deine Freundin das auch tut?

Die liebe Paarbeziehung. Ganze Schriftstellerlegionen haben sich an der Lächerlichkeit dieses Themas schon abgearbeitet. Hier nur ein Zitat von Jean Paul, dem großen Autor aus Bayreuth. Er sagte: »Heiraten in der Jugend ist wie ein Ofenkauf im Sommer.« So eine Paarbeziehung hat einen großen Vorteil – wenn man alt ist, muss man nicht allein vor der Glotze sitzen. Für junge Leute … Aber ich rede mich um Kopf und Kragen. Ich bin schließlich verheiratet. Also gut, Sohn, genieße deine Jugend! Und vergiss nicht, dass man sein ganzes Leben jung bleiben kann, wenn man nicht alt wird.

Versuche, so oft wie möglich Sex zu haben. Unsere Welt ist dermaßen verkopft, dermaßen penisfeindlich, dass so ein Vorschlag froh sein kann, wenn er überhaupt gedruckt wird. Die heutigen Männer werden praktisch ohne Unterleib geliefert. Das muss nicht sein. Wer einen Penis hat, darf ihn auch benutzen. Tu das, so oft und mit wem es dir gefällt. Daran ist nichts verkehrt. Das ist völlig in Ordnung. Lass dir nie einreden, dass deine Triebe etwas Schlechtes sind. Jede Pflanze hat Triebe und jeder Mensch erst recht. Solange du Triebe hast, bist du lebendig.

REGEL 4

STEH UNTER STROM

Die Konkurrenz ist gnadenlos. Wenn du auf dieser Welt etwas reißen willst, brauchst du Energie. Du musst unter Strom stehen. Nicht immer, aber oft. Wie geht das?

Trink Kaffee. Viel Kaffee. Koffein ist von der Wirkung her angeblich dem Kokain ähnlich. Kokain ist verboten. Das darfst du natürlich nicht nehmen. Als Werbetexter oder Politiker könntest du darauf allerdings angewiesen sein. Wer weiß das schon?

Du brauchst immer wieder Herausforderungen. Wenn du fünf Tage auf Alkohol verzichtest, peitscht dich das nach vorn. Als Abstinenzler gibst du Gas, indem du mal zwei Wochen durchsäufst. (Natürlich nur am Abend und mit Maß – zwei Maß etwa.) Als Raucher musst du auf Kippen verzichten, als Nichtraucher brauchst du Qualm. Du musst dich Dingen aussetzen, die du lange nicht gehabt hast, oder Substanzen weglassen, die du gewohnt bist. Dann entstehen Reibung und Energie. Eine Reise in eine gefährliche Stadt, eine Fahrt mit der dunklen Achterbahn im Europa-Park Rust, ein Abend nur mit grünem Tee, zwei Wochen ohne Kaffee, vier Tage kein Fleisch, dann eine Schweinshaxe und zwei Nackensteaks nacheinander. Du brauchst Action. Du brauchst Situationen, die du nicht kennst. Setz dich um elf Uhr nachts in eine Saufkneipe und bestell eine Tasse Kaffee und danach eine Erdbeerschorle. Trink auf der Kindergartenfeier deiner Tochter am Nachmittag vier Halbe Bier. Das bringt dich weiter.

Das Gewohnte schläfert ein. Du brauchst ungewöhnliche Situationen. Die sind ganz leicht und sehr billig zu bekommen. Man muss keine Erlebnisreise für 3.000 Euro buchen, um etwas Tolles zu erleben. Es reicht der Besuch eines ungewöhnlichen Ortes. Alle Orte, die du normalerweise nicht besuchst, sind ungewöhnlich.

Der Sinn dieser Übungen besteht in der Stromerzeugung. Du darfst nicht einschlafen. Wenn du dich umschaust, wirst du feststellen, dass sehr viele Menschen tief und fest schlafen. Das muss dich nicht weiter stören oder beunruhigen. Sag dir einfach: ein Konkurrent weniger. Du musst wach sein, um etwas zu erreichen. Aber: Du kannst nicht immer wach sein. Auch du musst schlafen. Teilweise monatelang. Es gibt Zeiten, in denen du nicht unter Strom stehen kannst, weil du krank oder traurig bist, weil es draußen 38 Grad plus oder 20 Grad minus hat. Doch das sind Extremfälle, die bald vorübergehen.

Bist du jetzt schlauer? Weißt du, was ich meine? Es gibt Möglichkeiten, sich selbst zu pushen. Lies die Regel einfach noch dreimal. Vielleicht weißt du dann, wie du deine Konkurrenz hinter dir lässt.

Wie bitte? Du hast gar keine Konkurrenz? Du bist Angestellter oder Beamter? Na dann ist ja alles wunderbar. Dann bist du beruflich gut gesichert. Aber die Konkurrenz hört mit dem Beruf nicht auf. Im Privatleben geht sie weiter. Oder lebst du nur für die Arbeit? Das wäre schlimm.

REGEL 5

NICHT JAMMERN

Ist schon mal irgendjemandem aufgefallen, wie schön das Wort »jammern« klingt? Vielleicht jammern wir nur deshalb so gern, weil wir das Wort mögen? Du jedenfalls solltest überhaupt nicht jammern. Wenn dir etwas nicht passt, musst du handeln und die Dinge zu deinen Gunsten verändern. Wenn eine Veränderung der Dinge nicht möglich ist, musst du die Situation akzeptieren. Jammern ist etwas für kleine Kinder und charakterlose Erwachsene.

Fast jede Situation lässt sich zu deinen Gunsten ändern. Bevor du jammerst, solltest du deinen Kopf anstrengen und darüber nachdenken, was du verbessern kannst. Die Energie, die du für das Jammern brauchst, fehlt dir sonst beim Denken. Aber das bloße Denken reicht nicht. Du musst die Lösungen, die du dir ausgedacht hast, auch in die Tat umsetzen. Das ist viel schwieriger als das Nachdenken. Man jammert, wenn man die Lösung kennt, sie aber nicht realisieren kann, weil man dazu zu schwach ist. Man jammert quasi über die eigene Schwäche. Wer jammert, zeigt Schwäche. Und Schwäche zeigen ist für Männer ein No-Go!

Von einem Mann wird Tatkraft erwartet. Die Taten sind nicht immer sinnvoll. Männer machen viele Fehler. Das liegt daran, dass sie überhaupt viel machen. Wer nichts macht, macht auch keine Fehler. Es ist besser, einen Fehler zu machen, als nichts zu tun und nur zu jammern. Der männliche Jammerlappen ist genauso häufig wie armselig. Ein trauriges Geschöpf.

Solange du noch Kraft hast, brauchst du nicht zu jammern. Du hast mehr Kraft, als du denkst. Ein Mann kann sehr viel schaffen. Die Kraft lässt erst am Schluss nach. Am Schluss musst du auch nicht mehr jammern, denn dann ist es ohnehin bald geschafft.

Am besten sind die Zeitungsjammerer. Damit meine ich die alten Männer, die sich jeden Morgen die *BILD* kaufen und dann mit den Schimpftiraden loslegen. Das ist falsch und der gehört weg, eine Frechheit ist das, und früher hätte es so was nicht gegeben. Die Stehtische an den deutschen Kiosken sind jeden Morgen voller Zeitungsjammerer. Zu denen gesellst du dich bitte nicht. Wenn dich etwas wirklich stört, ändere es. Das gilt nicht nur für dein Privatleben.

Auf Frauen macht der Jammerlappen auch keinen guten Eindruck. Viele Ehen scheitern an der Jammerei des Ehemannes. Wenn dir deine Frau sagt: »Hör auf zu jammern und ändere etwas«, musst du diesen Rat sehr ernst nehmen. Es gibt Menschen, die eine Disposition zum Jammern geerbt haben. Sollte das bei dir der Fall sein, musst du unbedingt versuchen, diesen Fehler zu beseitigen. Nicht jammern heißt auch: weniger sprechen. Statt lautstark darüber zu klagen, wie schlecht es dir geht, sagst du lieber gar nichts. Du stehst dadurch besser da und lässt den anderen mehr Rederaum.

REGEL 6

LASS DICH NICHT VERSKLAVEN

Du sollst ein freier Mann sein. Du brauchst keinen Herrn, der dir Befehle gibt. Du bist kein Instrument, das andere benutzen. Du hast keinen Chef, der dir sagt, was du tun sollst. Du gibst dir selbst die Befehle. Du bist dein eigener Herr.

So sieht das Ideal aus. Die Wirklichkeit ist anders. Es gibt immer noch Herren und Sklaven. Auch wenn du groß bist, wird das noch so sein. Wahrscheinlich wird es immer so sein. Die Menschen lieben Hierarchien. Wenn es also Herren und Sklaven gibt, solltest du versuchen, zu den Herren zu gehören. Das ist gar nicht so schwer. Man muss weder Milliardär noch Augenarzt sein, um zu den Herren zu gehören. Es reicht schon, wenn du für dich selbst denkst. Auch als normaler Angestellter, als Arbeiter, Beamter oder Auftragskiller kannst du es leicht vermeiden, versklavt zu werden.

Es ist die innere Einstellung, die dich zum Sklaven werden lässt. Wenn du dir selbst nichts zutraust, wenn du Angst vor deinen schrägen Gedanken hast, wenn du immer nur gehorchen willst und nicht mal dir selbst widersprichst, kannst du sogar als steinreicher Hedgefonds-Manager zum Sklaven werden. Das Herr/Sklave-Prinzip hat nichts mit Geld und Macht zu tun. Es gibt sehr arme Herren und sehr reiche Sklaven. Es gibt sogar sehr mächtige Sklaven und völlig machtlose Herren.

Ein Beispiel: Stellen wir uns vor, dir gefällt das deutsche Wetter nicht und du wanderst mit 20 nach Kalifornien aus. Dort verliebt sich eine preisgekrönte Hollywood-Schönheit in dich. Ihr heiratet, und weil du ein kluger Kopf bist, steigt ihr gesellschaftlich sehr weit auf. Mit 52 wählt man dich zum ersten US-Präsidenten, der nicht in den USA geboren wurde. Du bist jetzt der mächtigste Mann der Welt. Du könntest den Planeten entscheidend verschönern.

Niemand müsste mehr hungern, Kriege wären nicht mehr nötig, die Arbeit könnte Spaß machen, die Liebe wäre das prägende menschliche Gefühl, Hass und Angst gäbe es nur noch im Kino. Aber, herrje, was machst du? Du lässt dich von deinen Beratern bestimmen, deine Sekretärinnen schreiben dir die Termine vor, mit dem uralten deutschen Bundeskanzler Philipp Rösler triffst du dich nur 20 Minuten, obwohl du ihn viel länger sprechen wolltest. Du bist ein Sklave des Systems geworden. Natürlich änderst du überhaupt nichts. Es gibt nur ein paar wohlwollende Schlagzeilen über dich und deine hübsche Frau.

Kennst du Diogenes? Ich meine nicht den Verlag, sondern den alten Griechen, der in einer Tonne lebte. Diogenes war ein berühmter Obdachloser. Man verehrte ihn, weil er ein wirklicher Herr war. Einmal besuchte Alexander der Große Diogenes und fragte ihn, welchen Wunsch er ihm erfüllen könne. Diogenes sagte: »Geh mir aus der Sonne!«

Wenn du ein Chef werden solltest, der nicht nur über sich selbst, sondern auch über andere Menschen bestimmt, dann behandle deine Angestellten gut. Wer andere versklavt, wird selbst zum Sklaven.

REGEL 7

STIFF UPPER LIP

Für die steife Oberlippe sind die Briten bekannt: Egal, was passiert, die wohlerzogenen Briten bleiben cool und zeigen keine große Regung. Das mag etwas hölzern wirken, wenn ein sehr positives Ereignis eintritt, es ist aber grandios bei negativen Erlebnissen. Man lässt sich nicht aus der Fassung bringen, sondern bewahrt Ruhe und Gelassenheit. Die Franzosen sagen dazu Contenance.

Der neue Mann soll angeblich Gefühle zeigen. Das kann ganz schön sein, wenn das Gefühl freundschaftliche Verbundenheit ist. Etwas kasperig wirkt es dann schon bei einem Gefühl wie Begeisterung. Richtig schlimm wird es bei Hassgefühlen. Gefühle sind ja nicht grundsätzlich etwas Positives. Es gibt nicht nur harmlose rosa Herzchengefühle, sondern auch Hass, Ekel, Wut, Angst, Gier, Neid, Eifersucht und Konsorten. Die meisten Gefühle sind unangenehme Typen, die man besser nicht offen herzeigt. Ich finde, wir brauchen keinen neuen Mann, der alte ist noch gut.

Stiff upper lip – Gefühle für sich behalten, zum Lachen in den Keller gehen. Das hat heute keine gute Presse. Trotzdem solltest du die unbewegte Maske gegen aufdringliche Neugier aufbehalten. Es geht niemanden etwas an, ob du gerade verwirrt oder entsetzt bist. Gefühle zeigen ist etwas für kleine Kinder. Leider gibt es heute viele Erwachsene, die kleine Kinder geblieben oder wieder zu welchen geworden sind. Die runzeln doch tatsächlich die Stirn, wenn sie etwas nicht verstehen. Die zeigen ganz offen Ekel und Abneigung. Die klatschen begeistert bei *Deutschland sucht den Superstar,* die streiten sich wortreich im Fernsehen. Vergiss diese infantilen Idioten. Bleib Herr deiner Emotionen.

Es gibt Situationen, in denen du Gefühle zeigen darfst. Im engen privaten Kreis. Freunden und Freundinnen oder gar Geliebten solltest du hin und wieder einen Blick in deine Gefühlswelt gönnen. Aber lass nicht Hinz und Kunz daran teilhaben. Schon gar nicht im Internet. Es gibt diese Unsitte, beknackte Smileys oder traurige Klammern hinter einem Statement zu platzieren. Der Betrachter soll dadurch wissen, wie du dich gerade fühlst. Lass so etwas sein. Das Schöne am Schreiben ist auch, dass niemand erfährt, in welchem Gefühlszustand du dich dabei befindest.

Momentan ist es nicht absehbar, wie wahnsinnig die Welt noch wird. Es kann so friedlich weiterlaufen wie bisher, aber auch irre politische Turbulenzen sind nicht ausgeschlossen. Egal was passiert, egal wie viele Mauern noch fallen oder wieder aufgebaut werden, du behältst deine Fassung. Ob diese Fassung nun wirklich eine steife Oberlippe oder ein freundliches Lächeln sein soll, bleibt dir überlassen. Wichtig ist nur, dass die Fassung, die du dir ausgesucht hast, beibehalten wird, auch wenn die Marsmenschen kommen oder Mali in die EU aufgenommen wird.

REGEL 8

WERDE KEIN GESUNDHEITSFANATIKER

Die Gesundheitsterroristen sind jetzt schon unerträglich. Wenn du groß bist, wird es bestimmt noch schlimmer. Alles und jedes wird im Hinblick auf die Gesundheitsförderung beurteilt. Heute schlafen Menschen nicht mehr miteinander, weil sie sich lieben, sondern weil sie Kalorien abbauen und ihren Herzrhythmus verbessern wollen.

Die Gesundheit ist zum höchsten Gut geworden. Die Menschen glauben nicht mehr an die Götter, sie glauben nicht, dass irgendeine Himmelsmacht sie zur richtigen Zeit aus dem Spiel nimmt, heute glaubt man, dass jede rohe Tomate mit Jod-Fluor- Meersalz das Leben um acht Minuten und 42 Sekunden verlängert. Was für ein Irrsinn!

Versteh mich nicht falsch. Gesundheit ist wichtig. Nicht rauchen, wenig Alkohol, Sport und Gemüse sind okay. Aber damit hat es sich auch. Irgendwo musst du die Grenze ziehen, sonst geht die Liste immer weiter: wenig Kaffee, nicht so viel Zucker, nicht so viel Fleisch, keine Lasagne, nicht zu viele Eier, keine Schokolade, auch mal Hirse und Quinoa, Bockshornkleesprossen aber lieber nicht ... Wenn du ein Gesundheitsfanatiker wirst, bist du den ganzen Tag mit Einkaufen, Kochen, Zutatenlistenlesen und Sorgenmachen beschäftigt. Ich glaube, dass Gesundheitsfanatismus direkt krank machen kann.

Gesundheit ist nicht alles. Du musst einigermaßen funktionieren, that's all. Wenn du deine Pflichten erfüllen kannst und dich dabei wohlfühlst, ist alles in Ordnung. Dass man hin und wieder krank wird, ist normal. Aber merk dir bitte: Wenn du nicht krank bist, bist du gesund. Es gibt keine Steigerung von gesund. Gesund, gesünder, am gesündesten? Das gilt vielleicht für Medikamente, aber nicht für

Menschen. Ein Mensch ist gesund oder krank. Mehr muss man dazu nicht wissen.

Leute, die irre gesund leben, wollen wahrscheinlich 100 Jahre alt werden. Aber: Erstens kann man ein langes Leben nicht erzwingen. Zweitens ist das Leben ab einem Alter von 70 oder 80 Jahren in den meisten Fällen kein Zuckerschlecken. Die richtig großen Partys feierst du dann nicht mehr. Wenn du supergesund lebst, kannst du eventuell die zehn Jahre von 90 bis 100 dranhängen. Viel Spaß. In den 80ern gab es einen Aufkleber, auf dem stand: »Gib deinem Leben nicht mehr Stunden, sondern deinen Stunden mehr Leben.« Als ich den Spruch las, muss ich extrem aufnahmebereit gewesen sein, denn ich denke heute noch so.

Weißt du, wer am meisten vom Gesundheitswahn profitiert? Genau: die Ärzte und die Pharmaunternehmen, außerdem die Krankenkassen, der Staat und die Hersteller von Gesundheitsprodukten. Mächtige Branchen, die alles daransetzen, den Gesundheitswahn wachzuhalten. Lass dich davon nicht irre machen. Wenn du gern Schweinshaxn und Schäufele isst: Guten Appetit.

REGEL 9

ISS FLEISCH

Hast du dir schon mal das Gebiss eines Menschen genauer angesehen? Wir sind Raubtiere. Ein Mensch braucht Fleisch. Natürlich ist es eine sehr traurige Sache, wie heute Fleisch »produziert« wird. Die riesigen Tierfabriken, die Odyssee der lebenden Tiere durch ganz Europa und die betrügerischen Praktiken mancher Fleischproduzenten sind widerwärtig. Das ändert aber nichts an der Tatsache, dass du Fleisch brauchst. Es gibt eine Möglichkeit, die verachtenswerte Fleischproduktion nicht zu fördern: Kauf gutes Fleisch. Gutes Fleisch ist teuer.

Es gibt in jeder Stadt Metzgereien, die selbst schlachten, die Tiere aus der Region verwerten, die sich Zeit nehmen, die Tiere vor der Schlachtung zu betäuben. In solchen Läden kostet das Fleisch etwas mehr als in normalen Metzgereien. Und natürlich kostet es dort viel mehr als an den Supermarkt- und Discountertheken. Gestern habe ich für zehn Euro ein Kilo Leberkäse bei einem guten Metzger gekauft. Bei Lidl, Aldi, Norma und Co. bekommst du ein Kilo Leberkäse für drei Euro. Das sind sieben Euro Unterschied. Du kannst dir vorstellen, wie dieser Preisunterschied entsteht.

Zur Zeit erschüttert der Pferdefleischskandal ganz Europa. Profitgeile Fleischproduzenten haben Pferdefleisch ins Rinderhack gemischt. Dadurch haben die Verbrecher mehr Geld verdient, als ihnen zusteht. Das Pferdefleisch fand man in Billig-Lasagnen und im Köttbullar, das bei Ikea verkauft wird. Auch in Dönern und in einigen anderen Produkten fand man Pferdefleisch. Wi-der-lich. So etwas kannst du nur umgehen, wenn du für Fleisch ordentlich Geld auf den Tisch legst. Ich bin gespannt, wie man diese Fleischverbrecher bestraft. Im Mittelalter hätte man ihnen bestimmt irgendetwas abgehackt. Heute müssen sie meist nicht mal zehn Prozent ihres kriminellen Profites als Strafe zahlen.

Die humanste Art des Fleischverzehrs ist das Essen von Wildtieren. Rehe, Hirsche, Wildschweine, Hasen, die ein guter Jäger im Wald und auf dem Feld aus einem freien Leben kurz und schmerzlos herausschießt. Für Wild musst du noch mehr bezahlen. Dafür schmeckt es auch besser und gibt dir sicher mehr Kraft als Industrieware. Der Wildkonsum hat in Deutschland in den letzten Jahren stark zugenommen. Die Reichen essen längst kein Discounterfleisch mehr. Billigfleisch essen nur noch die Armen. Solltest du später einmal arm sein, ist es besser, selbst Tiere zu jagen, als den billigen Industriemist zu essen.

Du kannst auch selbst Tierzüchter werden. Kauf dir einen billigen Hof auf dem Land und züchte Rinder, Strauße oder Lamas. Behandle sie gut, schlachte sie selbst, dann hast du nicht nur selbst immer gutes Essen, sondern auch viel Geld. Denn wer Essen züchten kann, hat immer gute Karten. Wie man ein Tier schlachtet, solltest du auf jeden Fall lernen. Es könnten bald schlechte Zeiten kommen. Da ist dieses Wissen überlebensnotwendig.

REGEL 10

GEH RAUS

Du hast das Pech, im Zeitalter der digitalen Revolution geboren zu sein. Der Computer regiert die Welt. Alle Menschen, die mehr als 8,20 Euro in der Stunde verdienen wollen, sitzen heute den ganzen Tag vor dem PC. Wenn sie nicht vor dem PC hocken, schauen sie TV oder Smartphone. Dauernd glotzen wir auf kleine oder große Bildschirme. Die meiste Zeit unseres Lebens verbringen wir in der warmen Stube. Wir sind komplette Stubenhocker geworden. Früher war »Stubenhocker« ein Schimpfwort.

Geh raus in die Natur! Schau dir die Bäume und Pflanzen an. Genieße die frische Luft. Hör die Vögel, die Insekten, die verdammten Hunde. Du musst die Stube verlassen. Pro Tag eine Stunde draußen sein, solltest du dir zur Pflicht machen. Sei es im trüben und kalten Winter, sei es bei sonnigen 35 Grad. Du kannst natürlich nicht immer spazieren gehen und die Natur genießen. Draußen, das ist auch die Großstadt, die Baustelle, die dunkle U-Bahn, der Weg zum Einkaufen. Draußen ist auch draußen arbeiten: Rasen mähen, Schnee schippen, dein Auto waschen, die Straße kehren, Flaschen zum Container bringen. Wichtig ist, dass du das Draußen auf der Haut spürst – die Kälte, den Regen, die Hitze, den Hagel. Draußen ist auch die Gefahr. Früher bedrohten uns wilde Tiere, heute sind es Autos und Nordic Walker.

Leider kann man heute mit einem Job an der frischen Luft nicht mehr viel Geld verdienen. Gärtner, Bauarbeiter, Holzfäller, Winzer, Möbelschlepper haben das große Glück, draußen ihren Körper trainieren zu dürfen, aber dafür gibt es kaum finanzielle Anerkennung. So einen schönen Job kannst du hauptberuflich nur machen, wenn du allein lebst oder deine Frau gut verdient. Wer draußen viel Geld verdienen will, muss Sportler werden: Fußballer,

Skifahrer, Leichtathlet oder Hammerwerfer. Aber da muss man schon verdammt gut sein, um auf ein echtes Gehalt zu kommen. Außerdem ist Leistungssport wegen der Dopingpflicht sehr ungesund.

Die Gesundheitspäpste von der Krankenkasse warnen gern vor dem Draußensein. Im Sommer ist angeblich die UV-Strahlung zu hoch, im Winter belastet die kalte Luft das Herz und die Atemwege. Wenn es nach den Medizingurus ginge, müsstest du den ganzen Tag im Haus verbringen. Dann wirst du nämlich schnell krank und die Ärzte können mit dir Kohle machen. Hör nicht auf diesen Quatsch. Geh raus, auch wenn es Meteoriten hagelt. Draußen ist das Leben. In der warmen Stube wirst du zu schnell alt.

Es ist oft sinnvoller, den Vögeln beim Zwitschern zuzuhören, als den Politikern beim Twittern. Auch die sonstigen Medien bringen meistens nur unnötiges Geplapper. Der Computer wird momentan maßlos überschätzt. Arbeite effektiv. Nutze den PC zum Geldverdienen, aber lass dir von ihm nicht die Freizeit versauen. Wenn du dein Geld verdient hast, mach die Kiste aus und setz dich auf die Terrasse, den Balkon, den Hochsitz oder die Parkbank.

REGEL 11

KEINE PORNOS

Wenn du 18 Jahre alt bist, darfst du Auto fahren und Pornos schauen. Fahr lieber Auto. Lass das mit den Pornos. Wahrscheinlich wirst du schon lange vor deinem 18. Geburtstag mit Pornos in Kontakt kommen. Das lässt sich heute kaum vermeiden. Wer die Worte »Sex« oder »Fuck« schreiben kann, wird im Netz sofort fündig. Auch wer gar nicht schreiben kann, aber ein paar clevere Freunde hat, wird Pornos anschauen müssen. Mach dir ein Bild, zieh dir ein paar dieser Filme rein, damit du weißt, worum es dabei geht, aber ansonsten solltest du die Finger von dem Scheiß lassen.

Der sogenannte Sex, der in Pornos gezeigt wird, hat mit realem Sex so gut wie gar nichts zu tun. Echte Frauen sind ganz anders als die immergeilen Pornomiezen. Porno-Sex ist eine Mischung aus Akrobatik und schlechter Schauspielerei. Pornos verhalten sich zu echtem Sex wie Superman-Comics zum Büroalltag. Was du in diesen Sexfilmen zu sehen bekommst, vermittelt dir ein völlig falsches Bild von der körperlichen Liebe. Allerdings musst du über Sex Bescheid wissen, schließlich ist dein Trieb dazu da, befriedigt zu werden. Deswegen holst du dir dein Sexwissen bitte nicht aus Schundfilmen, sondern aus dem wirklichen Leben. Wie Sex funktioniert, zeigt dir deine Freundin, dann zeigst du es deiner nächsten Freundin, dann den beiden Freundinnen deiner Freundin, und nach ein paar Staffeln und viel Training bist du ein Meister deines Faches. Mit Pornos gewinnst du dagegen keinen Blumentopf.

Viele Männer meines Alters verlassen sich ganz und gar auf Pornos. Die suchen gar keine echten Frauen mehr. Wenn sie Sex haben wollen, schauen sie sich Filmchen im Netz an und machen es sich selbst. Ist das armselig? Ich glaube schon. Ein erwachsener

Mann sollte sich so etwas nicht antun. Das ist unwürdig und mies. Die deutschen Männer sind weltweit ganz vorn beim Pornogucken. Die deutsche Geburtenrate hingegen ist eine der mickrigsten der Welt. Die Männer schauen Filmchen, statt echte Frauen zu begatten. So stellt man sich die Hölle vor.

Wer täglich ein paar Stunden Pornos schaut, gibt sich irgendwann mit den normalen Rein-Raus-Spielen der harmloseren Filmchen nicht mehr zufrieden. Der steigert die Brutalitätsdosis. Das sieht man der gegenwärtigen Pornoproduktion an. Was im Netz und in den Verkaufsstellen angeboten wird, ist teilweise so menschenfeindlich, dass man tatsächlich an der Sinnhaftigkeit der digitalen Revolution zweifeln könnte. Im Internet findet man problemlos innerhalb weniger Minuten zahlreiche Filme, die allesamt ein Fall für den Staatsanwalt wären. Aber wie soll sich die Justiz gegen eine solche Flut wehren? Das Internet ist so schnell und so aufnahmefähig, dass der Staat mit der Überwachung und Bestrafung gar nicht mehr hinterherkommen kann.

Der Staat ist machtlos gegen kriminelle Pornos. Du kannst dich heute nicht mehr darauf verlassen, dass der Staat dich vor absolutem Schund schützt. Also musst du es selbst tun. Verzichte insgesamt auf Pornos. Such dir eine, zwei oder drei Freundinnen und lass es krachen.

REGEL 12

HALTE DIE NÄGEL KURZ

Es gibt Männer, die sich ihre Fingernägel nur selten schneiden. Die rennen mit Krallen durch die Gegend, unter denen sich der Dreck sammelt. Diese Männer sind mit der Regel aufgewachsen: Putz dir die Fingernägel. Es handelt sich also hauptsächlich um ältere Männer. Heute kannst du die Putzregel vergessen. Heute heißt es: Halte die Nägel kurz. Dann brauchst du sie nicht zu putzen. Wo nichts ist, kann sich auch kein Dreck sammeln.

Natürlich gibt es auch jüngere Männer mit langen Nägeln, mit gepflegten, womöglich sogar lackierten langen Nägeln. Das sind Männer, die Männer lieben. Wenn du so einer werden solltest, kannst du dir meinetwegen die Nägel lang wachsen lassen. Aber wenn du auf Frauen stehst, sollten sie kurz bleiben.

Es gibt auch Männer, die sich den Nagel des kleinen Fingers lang wachsen lassen, aber ansonsten alles abschneiden. Das soll eventuell Individualität signalisieren. Das soll heißen: Schaut mal her, ich bin ein intelligenter Schlingel mit lustigen Ideen. Aber wer steht auf solche Typen? Niemand braucht intelligente Schlingel mit lustigen Ideen.

Was für die Finger gilt, ist auch an den Füßen wichtig. Wenn deine Fußnägel zu Messern geworden sind, mit denen du die Wade deiner Freundin aufschlitzt, ist es schon zu spät. Auch die Nägel deiner Quanten müssen möglichst kurz sein. Fußnägel schneidet man am besten nach dem Duschen oder Baden, ansonsten braucht man eine Astschere.

Vielleicht sollte ich noch betonen, dass du die Finger- und natürlich auch die Fußnägel mit einer Schere abschneiden musst. Du darfst sie nicht abbeißen. Nägel sind keine Nahrung für Menschen. Die Finger sehen nicht gut aus, wenn du sie mit den Zähnen malträtiert hast. Es wirkt optisch auch nicht ansprechend, wenn du in der Öffentlichkeit deine Finger in den Mund steckst und mit verträumtem oder verbissenem Blick daran herumknabberst.

Natürlich ist Nägelkauen ein Laster. Das heißt, es gibt viele Leute, die es tun, obwohl sie es gar nicht wollen. Falls du davon betroffen sein solltest, mach dir keine allzu großen Sorgen. Wenn du älter wirst, erledigt sich dieses Laster von selbst. Deine Zähne sind dann nämlich nicht mehr stark genug zum Nägelkauen. Wenn dir beim Nägelknabbern zum dritten Mal der Schneidezahn abgebrochen ist, lässt du die Unart fallen. Übrigens ist das Kauen von Fußnägeln besonders anstrengend für deine Beißerchen.

Schieb auch hin und wieder die Nagelhäute mit der Rückseite einer Feile zurück. Man muss den sogenannten Mond sehen können. Wenn du viel Tagesfreizeit und ein dickes Konto hast, kannst du all diese Tätigkeiten auch hübschen Hand- und Fußpflegerinnen übertragen. »Pediküre« und »Maniküre« lauten die Fachbegriffe. Mit so etwas habe ich noch keine Erfahrung. Das mache ich erst als Rentner.

REGEL 13

FUSSBALL IST GEIL

Wenn du als Jugendlicher viel Sport machst, bist du dein ganzes Leben fit. Die coolste Sportart ist Fußball. Vielleicht wirst du das anders sehen, weil Fußball langsam aus der Mode kommt. Kleine Jungs spielen heute auch gern Basketball, balancieren auf Seilen, fahren Skateboard, surfen oder tanzen. Jeder Sport ist okay, aber ich will dir mal erklären, was mir am Fußball so gefällt.

Fußball kann man fast überall spielen. Es gibt in jedem kleinen Kaff mindestens einen Bolzplatz mit zwei Toren. Oft haben die Tore keine Netze, die Wiese ist nicht gemäht, es gibt dicke Pfützen oder einen Abhang hinterm Tor. All das macht gar nichts. Wer bolzen kann, ist jung und kräftig. Der kann auch den Ball holen, wenn er 30 Meter hinter den Büschen liegt.

Fußball ist eine Mannschaftssportart. Du kannst zwar auch gut allein gegen die Kirchenmauer kicken und dir dabei wie Schweinsteiger oder Messi vorkommen, aber besser ist es natürlich mit ein paar Kumpels. Wenn ihr zu dritt seid, könnt ihr Hochtraining spielen. Dabei muss der Ball immer aus der Luft ins Tor geschossen oder geköpft werden. Wenn der Torwart einen Ball hält, darf er als neuer Schütze raus und der Fehlschütze muss in den Kasten. Ab vier Personen ist schon ein richtiges Spiel möglich. Je mehr Leute dabei sind, desto besser. Mein erstes Spiel habe ich als Fünfjähriger auf einem Dorfplatz gemacht. Ich stand mitten auf dem Spielfeld, der Platz kam mir riesig vor, um mich herum tausend Leute, die durcheinander rannten. Ich fragte einen, ob hier jeder gegen jeden spiele. Der Typ schrie meine Frage über den ganzen Platz. Alle lachten. Ich hatte mein Herz für den Fußball entdeckt.

Aber nicht nur Fußballspielen ist geil, sondern auch Zuschauen. Geh mal ins Stadion! Da kannst du dir die Lunge aus dem Leib brüllen. Das tut richtig gut. Du fieberst mit deinem Verein. Du brüllst die Jungs nach vorn. Im Stadion, wenn nur ein paar Tausend Zuschauer da sind, hören sie dich. Natürlich kannst du dir auch einen Bundesligaverein aussuchen und in richtige Arenen gehen. Ist bestimmt auch nicht schlecht. Zu Auswärtsspielen fahren. Das bildet. Gefährlich ist es auch immer ein bisschen im Stadion. Für einen jungen Mann ein idealer Spielplatz. Abenteuer, frische Luft und Spaß in einem.

Wenn du älter wirst, kannst du dir immer noch die Spiele der deutschen Mannschaft im Fernsehen anschauen. Vielleicht erlebst du sogar mal den Gewinn eines internationalen Pokals. Irgendwelche Wahrsagertintenfische sind der Meinung, dass Deutschland tatsächlich bald wieder Weltmeister oder Europameister werden könnte. Aber ich glaube, dazu bräuchten wir einen neuen Trainer.

Und du kannst fachsimpeln. Fußball ist ein Spitzengesprächsthema unter Männern. Wenn du weißt, wer in der Bundesliga gerade wo steht, giltst du bereits als fähiger Mann. Hingegen ist es immer ein bisschen komisch, wenn ein Mann sagt, er interessiere sich überhaupt nicht für Fußball. Also ich rate dir jedenfalls: Entdecke den Fußball! Er ist es wert.

REGEL 14

TRINK DEIN GLAS AUS

Man kennt es leider nicht nur aus schlechten Filmen, sondern auch aus dem wirklichen Leben: Männer bestellen sich ein Bier, trinken zwei harmlose Schlückchen und wechseln dann das Lokal. So etwas gehört sich nicht. Das beleidigt die Bedienung, den Braumeister und den Gott des Bieres. Wenn du dir ein Bier bestellst, trink es aus. Die einzige Ausrede ist ein Vollrausch. Wenn du dein Glas nicht mehr leer bekommst, sollte es dein letztes sein, dann solltest du nach Hause robben.

Das Gleiche gilt übrigens auch für alle anderen Getränke. Ausnahmen sind schlechte Getränke, also verfaulte, verschimmelte, stinkende oder saure Brühen. Wenn du die nicht austrinken kannst, weil du sonst stirbst, sag es bitte höflich der Bedienung oder dem Barkeeper. Man wird dir dann entweder auf die Birne hauen oder ein Ersatzgetränk beschaffen.

Übrigens solltest du auch ein zügiger Trinker sein. Für einen halben Liter Bier darf die Trinkdauer 45 Minuten keinesfalls überschreiten. Bier wird sonst schlecht. Es schmeckt dann nicht mehr. Und halb voll stehen lassen darfst du es ja nicht. Denk auch an die Finanzlage deines Wirtes. Wenn du in zwei Stunden nur eine kleine Apfelschorle trinkst, macht dein Wirt ein schlechtes Geschäft und wünscht dich zum Teufel, auch wenn er dich vielleicht anlächelt.

Unsere Eltern lehrten uns, den Teller leer zu essen. Das schreibe ich dir nicht vor. Essen ist nachrangig. Es kann vorkommen, dass du keinen Hunger hast. Bevor du auf den Tisch kotzt, lässt du lieber ein paar Happen zurückgehen. In der Küche schmeißt man die Essensreste in die sogenannte Schweinetonne. Sie sind also nicht verloren. Getränke werden allerdings in den meisten Lokalen nicht wiederverwendet. Die musst du schon selbst gluckern. Schließlich bezahlst du auch dafür.

Und verdammt noch mal: Gib bloß Trinkgeld! Zehn Prozent sind angemessen. Die Bedienungen müssen den ganzen Tag lächeln, egal wie mies sie sich fühlen, ihr Gehalt ist unterirdisch, ihre Leistung meistens grandios. Das muss dir schon ein paar Münzen wert sein. Solltest du dir kein Trinkgeld mehr leisten können, bleib zu Hause oder entschuldige dich beim Personal. Es gibt nur einen Grund für trinkgeldloses Gehen: Wenn der Kellner wirklich superbescheuert war, bestrafst du ihn, indem du auf den Cent genau bezahlst. So etwas kommt aber nur selten vor, weil die meisten Servicekräfte ihren Job beherrschen. Und den blutjungen Novizen, die es noch nicht können, verzeiht man gern und gibt extra viel.

REGEL 15

PINKEL IM STEHEN

Du bist ein Mann. Männer pinkeln im Stehen. Das ist praktischer. Man öffnet den Hosenschlitz, holt den guten Jungen raus, und los geht's. Das macht man auch zu Hause so. Auch dann, wenn es keine Urinale, sondern nur Kloschüsseln gibt. Man klappt den inneren Deckel hoch und versucht, möglichst zielgenau ins Loch zu treffen. Das klappt nicht immer. Oft gehen ein paar Spritzer daneben. So what!

Frauen mögen es nicht, wenn Männer im Stehen pinkeln. Angeblich sind sie sauer, weil es dann auf der Toilette nach Bahnhof stinkt. Frauen beklagen sich darüber, dass sie dann so viel putzen müssen. Tatsächlich ist es nicht schön, wenn der Toilettenboden unter gelbem Wasser steht. Deiner Frau zuliebe kannst du natürlich auch im Sitzen pinkeln. Man kann das oft gleich mit größeren Geschäften verbinden. Aber grundsätzlich immer im Sitzen pinkeln, das machen nur Frauen und komische Männer. In der Regel solltest du stehen. Ausnahmen können die Regel bestätigen. Wenn du allein wohnst, solltest du immer stehen.

Es ist so verdammt umständlich, immer im Sitzen zu pinkeln. Man muss den Gürtel aufschnallen, die Hose aufknöpfen, sie herunterziehen. Dann muss man sich rückwärts vor die Schüssel stellen und mühsam in die Knie gehen. Dabei muss man versuchen, die Schüssel auch zu treffen und sich nicht ins Leere zu setzen. Dann wird gepinkelt. Man schleudert ab. Auch dabei kann ein Tropfen danebengehen. Dann steht man wieder auf, zieht sich an, und bis man endlich wieder draußen ist, muss man schon wieder. Männer müssen oft aufs Klo, weil sie gern Bier trinken. Wenn man drei Liter trinkt, muss man drei Liter pinkeln. Sich da viermal hinzusetzen ist die reinste Zeitverschwendung. Wenn du trinken willst, ohne oft aufs Klo zu müssen, kannst du auf Schnaps umsteigen. Aber ob das deiner Frau gefällt, steht in den Sternen. Auch Weintrinker müssen seltener austreten. Aber mit dem Wein ist es so eine Sache: Man kann Pech haben mit Wein, weil jede Flasche anders ist.

Ich glaube, Frauen sind einfach nur neidisch, weil sie nicht im Stehen pinkeln können. Die gönnen uns den Spaß nicht. Die wollen, dass du dich gefälligst auch immer hinsetzt. Aus Solidarität. Das solltest du nicht immer tun. Du bist nun mal als Mann geboren. Viele Vorteile hat es nicht, ein Mann zu sein. Das Pinkeln im Stehen ist allerdings ein Vorteil, den du dir nicht nehmen lassen solltest. Nur weil Männer im Stehen pinkeln können, müssen sie auf Volksfesten und Großveranstaltungen nicht stundenlang vor der Toilette warten. Spätestens wenn du im Toilettenwagen beim Bierzelt deine fünf Maß Bier komplett im Sitzen aus dir herauslaufen lässt, solltest du einen Psychologen aufsuchen oder die Freundin wechseln.

REGEL 16

LIEBE DEINE ARBEIT

Ich werde dir keinen Beruf vorschreiben. Du kannst machen, was du willst. Jeder Beruf hat seinen Sinn. In jedem Beruf kann man sehr gut sein. Was ich dir aber vorschreibe, ist Folgendes: Liebe deine Arbeit. Du musst das, was du tust, gern tun. Sonst wirst du unglücklich.

Natürlich ist es schwer geworden in der Arbeitswelt. Die EU hat zur Zeit eine Arbeitslosenquote von elf Prozent. In Spanien und Griechenland haben mehr als die Hälfte der Menschen unter 25 Jahren keine Arbeit und damit auch kein Einkommen. Das ist schrecklich. Diese Leute würden alles tun, auch das, was ihnen sicher nicht gefällt. Bis du dich beruflich etabliert hast, wirst du womöglich einige Sachen machen müssen, die dir überhaupt nicht gefallen. Aber das Leben ist lang. Im Lauf der Jahre arbeitest du dich hoch, und dann ist eigentlich nur noch eins wichtig: Gefällt dir deine Arbeit oder gefällt sie dir nicht?

Wenn sie dir gefällt, ist alles in Ordnung. Du merkst, dass dir die Arbeit Spaß macht, wenn du im Urlaub schlechter drauf bist als im Alltag. Wenn dir die Freizeit nicht so wichtig ist, wenn du ungern krank und ungern untätig bist: Dann macht dir deine Arbeit Spaß. Dann bringst du es auch zu was.

Wenn dir deine Arbeit überhaupt nicht gefällt, musst du dir eine andere suchen. Das ist oft gar nicht so schwer. Dazu braucht es nur ein bisschen Mut und Energie. Nur aus Finanzgründen einem ätzenden Beruf nachgehen, das kann man ein paar Jahre machen, aber nicht länger. Auf die Dauer brauchst du einen Job, der dir Spaß macht. Du musst deine Arbeit lieben.

Früher sagte man über bestimmte Männer, sie seien mit ihrer Arbeit verheiratet. Das war negativ gemeint. Es bedeutet, dass dieser Mann für die Arbeit alles andere vernachlässigt, seine Frau, seine Kinder, seine Schwiegermutter, seine Freunde. Ein Mann, der mit seinem Beruf verheiratet ist, darf sich glücklich schätzen. Denn wahrscheinlich liebt er seinen Beruf.

Wir leben im Kapitalismus. Du brauchst Geld. Du musst arbeiten. Daran führt kein Weg vorbei. Heiraten musst du nicht, aber Geld verdienen auf jeden Fall. Deswegen ist es nötig, dass du deinen Beruf liebst. Heute gibt es so viele Scheidungen. Persönliche Beziehungen sind sehr unsicher geworden. Umso wichtiger ist heute die Arbeit. Wenn dir die Arbeit Spaß macht, ist der Rest nicht mehr so wichtig. Die wahre Liebe ist die Liebe zum Beruf. Das klingt vielleicht ein bisschen komisch, aber du wirst es noch kapieren. Such dir einen Job, der dir ein Leben lang Freude macht. Dann kannst du glücklich werden. Und ein glücklicher Mensch hat auch bessere Chancen auf dem Beziehungsmarkt.

REGEL 17

WERDE KEIN NESTHOCKER

Deine Mutter und ich wollen auch irgendwann wieder Zeit für uns haben. Wir wollen zusammen ausgehen, uns die Nächte in Neuötting um die Ohren schlagen, um drei Uhr morgens Rage Against The Machine hören, bis in den Nachmittag pennen und nicht jeden Tag Wäsche waschen oder den Kinderlein Fischstäbchen braten. Das geht natürlich nur, wenn die lieben Kinderchen irgendwann keine Kinderchen mehr sind, sondern selbstständige Erwachsene mit einer eigenen Wohnung. Für dich heißt das: Auszug. Du musst das Nest verlassen. Nicht jetzt gleich, aber möglichst bald. Du sollst kein Nesthocker werden.

Ich gebe dir ein paar Hausnummern: Deine Mutter ist mit 19 Jahren zu Hause ausgezogen, dein Vater mit 21 Lenzen. Heute sind die 80-Jährigen noch fit wie 60-Jährige. Das ist sehr schön, heißt aber auch im Umkehrschluss, dass die 30-Jährigen oft noch wie Zehnjährige sind. Wir schmeißen dich also noch nicht ganz so früh raus: Spätestens mit 27 solltest du dich selbst versorgen können. Wobei 27 eigentlich schon viel zu hoch angesetzt ist, aber man will ja kein Unmensch sein.

Ich habe gehört, dass die jungen Leute in Südeuropa besonders lange zu Hause wohnen. Angeblich sparen sie dadurch Geld. Die haben eine gravierend hohe Jugendarbeitslosigkeit und können sich schlicht keine eigene Wohnung leisten. Sollte diese Situation in 20 Jahren auch Deutschland erreichen, was nicht ausgeschlossen ist, musst du leider trotzdem ausziehen. Denn es ist unnatürlich, wenn du als 30-Jähriger noch täglich am Küchentisch deiner Mutter hockst. Wenn es in Deutschland keine Arbeit gibt, musst du auswandern. Dann lernst du Chinesisch und ziehst ins Reich der Mitte. Vielleicht gehen wir mit.

Das Leben ist kurz. 80 Jahre vergehen schneller, als du glaubst. Spätestens mit 60 denkst du über die Rente nach. Wenn du bis 40 zu Hause wohnst, hast du gerade mal 20 Jahre als arbeitender Erwachsener. Das wäre zu wenig. Du bist erwachsen, wenn du ein eigenes Leben hast. Und das hast du nur, wenn du Papa und Mama verlässt. Für uns wirst du immer der Sohn bleiben. Wir werden immer den kleinen Jungen in dir sehen. Wir werden nie vergessen, wie wir dich gewickelt, angezogen, verarztet, beruhigt und großgezogen haben. Es sind schöne Erinnerungen, die wir nie vergessen wollen. Deswegen werden wir dich immer als Kind sehen. Dein Leben lang. Wenn du erwachsen sein willst, darfst du kein Kind mehr sein. Du musst von denen weg, für die du immer ein Kind bleiben wirst. Du musst dein Elternhaus verlassen. Das ist eminent wichtig.

Zeig uns, dass du ein Mann bist. Beweise deine Kraft, dich selbst zu versorgen. Vielleicht dauert es, bis du finanziell wirklich allein zurechtkommst. Das macht nichts, dann bekommst du von uns zu Weihnachten, zu Ostern und zu deinem Geburtstag einen Umschlag. Aber glaub nicht, dass du mit 35 noch bei deiner Mama wohnen kannst. Das wäre nicht in Ordnung. Diese Regel gilt unter der Voraussetzung, dass du gesund bleibst. Wenn du krank wirst, pflegen wir dich gern.

REGEL 18

LERN TANZEN

Tough men don't dance, sagen die Amis. Aber wer will schon ein harter Mann werden. Du musst hin und wieder hart sein, aber nicht grundsätzlich jede Minute. Was zu hart ist, geht leicht zu Bruch. Ab und zu musst du grooven und die Zügel lockern. Das geht wunderbar beim Tanzen.

Wenn du gesellschaftlich aufsteigen willst, musst du richtig tanzen können. Walzer, links herum, rechts herum, Rumba, Charleston, Cha-Cha-Cha, diesen ganzen Kram musst du draufhaben. Ich kann das leider nicht und habe es schon oft bereut. Man steht in der Ü-40-Disco und möchte sich vergnügen, aber da kommt schon wieder eine Runde Foxtrott. Für den Nichttänzer heißt das Zwangspause. 20 Minuten musst du am Rand stehen und den Profimännern zuschauen, wie sie die schönsten Frauen durch die Gegend schaukeln. Und es gibt nicht nur miese Lokale, in denen richtig getanzt wird. Man findet auch Salsa-Clubs, in denen es vor Erotik nur so knistert. Aber wenn du Salsa nicht beherrschst, kannst du nur wie ein kleiner Junge an deinem Bier nuckeln und zuschauen. Das ist oft frustrierend. Ein Tänzer hat mehr vom Leben.

Aber es gibt ja noch die normalen Discos, in denen du allein zu Techno, Pop und Mainstream zucken kannst. Die Tanzflächen in deutschen Discos werden jeden Samstag ab ein Uhr nachts von betrunkenen Männern bevölkert, die einsam vor sich hin wackeln. Die meisten trauen sich erst nach ein paar Bier auf die Bühne. Das sieht nicht immer gut aus. Hübsche Frauen, die dir heiße Blicke zuwarfen, als du noch am Trinken warst, wenden sich entsetzt von dir ab, sobald du auf der Tanzfläche herumspringst. Der Spruch »Tough men don't dance« ist nicht immer falsch. Viele Männer tun ihrem Image keinen Gefallen, wenn sie die Tanzfläche betreten.

Deswegen sollst du tanzen lernen. Dann kannst du aus dem Vollen schöpfen. Ein Mann, der gut tanzen kann, kommt bei den Frauen super an. Du merkst schon, ich verfalle ins Reimen. Tanzen macht Spaß und fördert die Kommunikation mit dem anderen Geschlecht.

Die heutigen Jugendlichen tanzen fast überhaupt nicht. Die stehen auf der Tanzfläche und quatschen. Ab und zu machen sie komische Bewegungen und fotografieren sich dabei mit ihren Handys. Sie simulieren Tanzspaß. Aber wenn du groß bist, sind die heutigen Jugendlichen schon alte Knacker, die um neun vor dem Fernseher einschlafen. Egal, wie deine Generation zum Tanzen steht. Ich empfehle dir: Lern tanzen. Damit bist du auf der sicheren Seite.

Es heißt übrigens, Männer, die gut tanzen können, sind auch gut im Bett. Bestimmt triffst du später als guter Tänzer immer wieder Frauen, die den Spruch kennen und herausfinden wollen, ob er stimmt.

REGEL 19

BEMÜH DICH UM BODENHAFTUNG

Wenn du beruflich aufsteigst, musst du trotzdem mit beiden Füßen auf dem Boden bleiben. Das heißt übersetzt: Vergiss nicht, dass du ein Mensch bist.

Zur Zeit gibt es in Europa eine gewaltige Ungleichheit. Sogenannte Top-Manager verdienen 400-mal mehr als einfache Angestellte. In den USA kann der Unterschied sogar das Tausendfache betragen. Menschen, die sich so ein Gehalt gönnen, haben die Bodenhaftung verloren.

Man wird verrückt, wenn man die Bodenhaftung verliert, weil man die Welt nur noch aus Hubschrauberhöhe sieht. Wenn man mit einem Menschen spricht, der im Monat 400-mal weniger verdient als man selbst, ist man versucht, diesen Menschen als wertlos zu empfinden. Das ist die Ursache für den Irrsinn der Superreichen.

Ein anständiger Mensch bemüht sich, reich zu werden. Aber er gibt von seinem Reichtum auch etwas ab, wenn er es geschafft hat. Heute Morgen sah ich beim Gang durch die Stadt eine Frau, die einen Zigarettenstummel vom Boden aufhob, um ihn zu rauchen. Wie würde ich mich fühlen, wenn ich mir 1.000 Zigarettenschachteln am Tag leisten könnte. Ich würde mich schämen.

Werde also bloß nicht so ein gieriger Top-Manager. Du kannst ein Unternehmen auch an die Weltspitze führen, ohne gierig zu werden. Bleib am Boden, sorge dafür, dass du auch armen Menschen noch in die Augen schauen kannst. Wenn die Superreichen nicht so gierig wären, hätten Milliarden Arme ein schöneres Leben.

In der einzigen echten Demokratie Europas – der Schweiz – hat man gestern per Volksentscheid beschlossen, Managergehälter zu begrenzen. Ich hoffe sehr, dass die Menschen auf der ganzen Welt in dieser Hinsicht zur Vernunft kommen. Vielleicht gibt es die Dschungelökonomie nicht mehr, wenn du groß bist. Das wäre sehr schön.

Aber auch dann besteht die Möglichkeit, die Bodenhaftung zu verlieren. Als Geistlicher, Künstler oder Intellektueller könntest du in die bemitleidenswerte Situation kommen, dich für etwas Besseres zu halten. Lass dir gesagt sein: Du bist nicht besser als die anderen. Vielleicht bist du in bestimmten Hirnarealen anders strukturiert als die Mehrheit, aber auch wenn dir daraus ein Vorteil entstehen sollte, bist du nicht mehr wert als irgendein anderer Mensch auf der Erde.

Solltest du später einmal arm oder ausgegrenzt sein, darfst du diese Regel erst recht nicht vergessen: Niemand ist als Mensch mehr wert als du, auch wenn er sich im Präsidentenpalast verschanzt und riesige Armeen dirigiert.

REGEL 20

WERDE KEIN VEREINSMEIER

Könntest du dir vorstellen, irgendwo Bürgermeister zu sein? Pro Tag musst du sieben Reden vor zwölf Vereinen halten. Schrecklich. Aber als Bürgermeister verdient man wenigstens gutes Geld. Richtig schlimm ist es, wenn du in allen zwölf Vereinen des Ortes Mitglied bist und dafür auch noch Beiträge zahlst. Es gibt solche Leute. Man nennt sie abwertend Vereinsmeier. Aufwertend spricht man von ehrenamtlich besonders vorbildlichen Bürgern. Gut, wenn du Millionär geworden bist und die Firma auch ohne dich läuft, kannst du Ehrenämter sammeln. Aber solange du finanziell am Boden kriechst, reichen vielleicht auch zwei oder drei Vereinsmitgliedschaften.

Wenn du eine Familie hast, gibt es genug Möglichkeiten, Gutes zu tun. Spiel mit deinen eigenen Kindern oder Enkeln, mäh den Rasen, streich den Zaun, verdien noch ein paar Hunderter extra, lies Zeitung und bilde dich, wasch dein Auto, entspann dich. Du musst nicht jede freie Minute mit guten Taten außer Haus verbringen. Damit belastest du deine Gesundheit und vernachlässigst deine Familie. Such dir höchstens drei Vereine aus. Alles, was darüber hinausgeht, ist nur für Reiche Pflicht.

Wenn dich deine Frau nervt, kannst du mehr arbeiten. Wenn ein Familienernährer außer Haus ist, sollte er nach Möglichkeit Geld verdienen. Im Lokal beim Bier sitzen und dem Schatzmeister beim Vorlesen zuhören fällt nicht unter die Kategorie Arbeit. Da kannst du gleich im Schwimmbad in der Sonne braten oder im Park die Tauben füttern. Vereinsmeierei ist in der Regel unproduktiv. Meistens handelt sich dabei um schöngefärbte Faulenzerei.

Es gibt nur eine Ausnahme, die mehr als drei Vereinsmitgliedschaften eines Durchschnittsverdieners rechtfertigt: den Aufstiegswillen. Wenn du dir von den Mitgliedschaften einträgliche Kontakte versprichst und auch wirklich etwas dafür tust, kannst du meinetwegen auch mehr als drei Vereine frequentieren. Dir muss aber völlig klar sein, dass die Vereine dann nur Vehikel für deinen beruflichen Aufstieg sind. Keinesfalls darfst du dich zum Laufburschen deiner Vereine degradieren lassen. Einfache Tätigkeiten sind dann absolut tabu. Es geht nur um die Karriere. Du suchst Kontakte zu einflussreichen Personen oder neuen Kunden. Sobald du merkst, dass ein bestimmter Verein diesen Zweck nicht erfüllt, musst du ihn verlassen. Man nennt diese Technik Netzwerken. Ich finde sie widerlich, aber das tut nichts zur Sache. Wenn dich dein Beruf zur Vereinsmeierei zwingt, ist es eben so.

Diese Regel 20 ist keine zwingende, sondern eine Vorschlagsregel. Das heißt, du kannst sie zur Not auch ignorieren. Wenn du unbedingt ein Vereinsmeier werden möchtest, solltest du darauf achten, dir auch sinnvolle Vereine auszusuchen. Die Mitgliedschaft bei der freiwilligen Feuerwehr ist zum Beispiel sehr sinnvoll. Als Feuerwehrmann kannst du wirklich etwas Gutes tun. Ob andere Vereine sinnvoll sind oder nicht, musst du selbst entscheiden. Die Vereinsmitglieder darfst du nicht fragen. Jeder hält seinen Verein für den wichtigsten der Welt.

REGEL 21

WERDE KEIN NAZI

Es gibt linke und rechte Politik. Linke Politik ist nicht Kommunismus, und rechte Politik ist nicht Nationalsozialismus. Es ist falsch, jedem, der rechte Politik betreibt, gleich vorzuwerfen, ein Nazi zu sein. In Deutschland neigt man dazu, alles Rechte gleich in die Naziecke zu stellen. Damit tut man der politischen Balance in diesem Land keinen Gefallen. Allerdings gibt es in Deutschland auch echte Nazis. Du solltest keiner werden.

Einen echten Nazi erkennst du an der Menschenfeindlichkeit seines Denkens. Sich nach dem Zweiten Weltkrieg hinzustellen und tatsächlich Hitler immer noch zu verehren ist pathologisch. Hitler hat Deutschland einen Schaden zugefügt, von dem es sich bis heute nicht erholt hat. Er hat den Ruf der Deutschen nachhaltig geschädigt. Vor den Augen der Welt stehen wir da wie Bestien. Uns sind politisch die Hände gebunden, weil wir den Makel, den uns die Nazis zugefügt haben, noch nicht losgeworden sind. Ob wir es jemals schaffen, ist jetzt noch nicht abzusehen. Die Nazis haben Deutschland in den Dreck gezogen. Diese Verbrecher sollen hier nie wieder an die Macht kommen. Falls sie es eines Tages doch schaffen, wird der Rest der Welt nicht zögern und Deutschland endgültig in Ödland verwandeln.

Wenn du dieses Land liebst, wenn dir die sanfte Natur, die zarten Frühlingsfarben, das deftige Essen, das geile Bier und die ordentlichen Leute hier gefallen, dann darfst du kein Nazi werden. Liebe zu Deutschland und Nationalsozialismus schließen sich aus. Die Nazis haben Deutschland schon einmal ruiniert; wenn sie wiederkommen sollten, wird Deutschland von der Karte getilgt. Es ist allerdings unwahrscheinlich, dass die Nazis hier wieder an die Macht kommen. Im Augenblick sieht es so aus, als habe Deutschland aus seinen historischen Fehlern die richtigen Schlüsse gezogen. Dass es noch nicht jeder Einzelne kapiert hat, muss man akzeptieren. Ein paar Ewiggestrige gibt es in jedem Land. Du solltest aber keiner von denen werden.

Mach aber auch nicht den Fehler, alles, was nicht links von der Mitte ist, als Naziwerk zu verunglimpfen. Ein Vogel kann nur fliegen, wenn er einen linken und einen rechten Flügel hat. Wenn der linke Flügel riesig und der rechte Flügel verkümmert ist, wird es nichts mit dem Abheben. Vielleicht ist es sogar falsch, die Nazis überhaupt politisch einzuordnen. Menschen nach bestimmten Merkmalen auszusortieren und zu töten hat doch nichts mit Politik zu tun, es ist kriminell und verbrecherisch. Wenn man jeden, der politisch rechts denkt, als Nazi beschimpft, besteht die Gefahr, dass der Rechte irgendwann tatsächlich glaubt, ein Nazi zu sein, obwohl er eigentlich nur ein Patriot ist, der sein Land mag.

Totalitäre Ideologien stehen aus meiner Sicht jenseits der Politik. Hitler und Stalin waren keine Politiker im heutigen Sinn. Sie waren verbrecherische Diktatoren, die ihre Länder mit sehr viel Blut besudelten. Wenn du Politiker werden solltest, darfst du den politischen Rahmen nicht verlassen. Sobald du anfängst, ganze Bevölkerungsteile auszulöschen, bist du kein Politiker mehr, der seinem Land dient, sondern ein Verbrecher, der vernichtet werden muss.

REGEL 22

MACH DIR DIE HÄNDE SCHMUTZIG

Man sagt: Arbeit schändet nicht. Das heißt, wenn du Geld brauchst, kannst du auch miese Jobs annehmen, ohne deinen Ruf zu ruinieren. Heute ist Arbeitslosigkeit nichts Besonderes mehr. Wenn du groß bist, wird es eher schlimmer sein. Nimm jede Arbeit an. Das ist besser, als zu Hause Trübsal zu blasen. Du kannst dich hocharbeiten. Es gibt das Glück des Tüchtigen wirklich.

Arbeite auf der Baustelle, geh in die Fabriken, hilf Bauern beim Ernten, fäll Bäume im Wald. Jeder Job, bei dem die Hände schmutzig werden, ist in Ordnung. Pass nur auf bei Jobs im Anzug. Hier bleiben die Hände sauber, dafür kann deine weiße Weste Flecken bekommen. Alles mit Finanzen und Verkauf musst du mehrfach prüfen, bevor du dich darauf einlässt. Im Internet lässt sich leicht feststellen, ob ein Verkaufsunternehmen seriös ist. Jeder Job, bei dem man dir mehr als 5.000 Euro Monatsverdienst in Aussicht stellt, ohne nach deiner Qualifikation zu fragen, ist unseriös. Vielleicht verdienst du das Geld wirklich, dafür musst du aber Leute betrügen.

Körperliche Arbeit ist gut für Psyche und Gesundheit. Heute sitzt jeder den ganzen Tag vorm Computer. Da bietet ein Job an der frischen Luft echte Abwechslung. Du verdienst nicht viel mit Körperjobs. Auf die Dauer musst du dir richtige Arbeit suchen, aber für den Moment tut es auch die Knochenarbeit. Wer richtig schafft, lernt Land und Leute besser kennen. Die abgehobenen Top-Manager haben nie richtig gearbeitet. Die ganze Elite dieses Landes kennt die echte Arbeit nicht. Richtig im Dreck gebuddelt haben die noch nie. Du darfst gern in die Elite aufsteigen, aber nur, wenn du auch weißt, was es heißt, wirklich hart zu schuften.

Die Politiker würden niemals Milliarden von Euro in windige Projekte stecken, wenn sie irgendwann in ihrem Leben 13 Stunden ohne Pause und ohne Essen für 100 Euro geracker hätten. Die kennen den Wert des Geldes nicht. Für die sind 100 Euro ein läppisches Trinkgeld, das sie in ein paar Minuten verdienen. Einige unserer Politiker halten 8,50 Euro Stundenlohn für zu hoch. Sie selbst würden sich für 8,50 Euro nicht mal die Nase putzen. Um zu vermeiden, so ein gefühlloses Wrack zu werden, musst du die echte Arbeit kennen. Wenn du nicht weißt, was 100 Euro wert sind, hast du kein Recht, über eine Milliarde Euro zu entscheiden. Vor allem dann nicht, wenn es sich um das Geld anderer Leute handelt.

An den schmutzigen Händen erkennst du die ehrlichen Menschen. Vorsicht vor den ganz sauberen mit dem teuren Haarschnitt, dem modischen Brillengestell und dem guten Parfum. Geleckt und geschleckt heißt nicht unbedingt sauber. Um aufzusteigen, musst du den Boden kennen, auf dem du stehst. Sonst gehst du leicht unter. Wenn du oben angekommen bist, schick ein paar Betrüger runter in die Produktion.

REGEL 23

WERDE KEIN AUTONARR

Okay, Autos sind geil. Es macht Spaß, auf deutschen Autobahnen ohne Tempolimit zu brettern. Ein gut gepflegter Porsche 911 sieht besser aus als manche Frau. Deutschland ist ein Autoland. Jeder fünfte deutsche Arbeitsplatz hängt von unserer Autoindustrie ab. Trotzdem solltest du kein Autonarr werden. Es reicht zwar nicht, zu wissen, welche Farbe dein Auto hat – PS-Zahl, Hubraum und ein paar technische Besonderheiten musst du schon draufhaben – aber spätestens, wenn dein Gegenüber vor Langeweile auf der Theke eingeschlafen ist, musst du dein Detailwissen für dich behalten.

Autonarren gibt es überall. Wenn du zwei interessierte Fragen stellst und dreimal zustimmend nickst, ist der Abend gelaufen. Der Autonarr erzählt dir alles und noch mehr über sein aktuelles und seine 24 bisherigen Autos, über die Autos seiner drei Freunde und alle anderen Autos, die es je auf die Straßen des Planeten geschafft haben. Das kann ermüdend sein. Du hältst die umfangreiche Erzählung nur mit sehr viel Bier aus. Das kostet eine Menge Geld und beschert dir am nächsten Tag einen üblen Kater. Wenn dir ein Autonarr begegnet, musst du das Weite suchen, bevor es zu spät ist. Du kannst aber auch sagen, dass du einen Dacia fährst. Dann ist das Gespräch schnell beendet, denn Dacia-Fahrer sind für Autonarren keine Menschen, mit denen sich ein Gespräch lohnt.

Über Autos spricht man nicht, man hat sie. Wenn du mit deinem blauen Maserati vor der In-Disco hältst, brauchst du gar nicht reinzugehen, um eine hübsche Frau kennenzulernen – vermute ich. Natürlich ist es mehr als geil, mit einer richtig guten Karre an einem Sommerabend mit Gel im Haar durch die Stadt zu gondeln. Aber wer kann sich die wirklich starken Autos überhaupt leisten? Die Porschefahrer sind in der Regel über 50. Vorher war ihnen das Geschoss zu teuer. Erst wenn sie alt und grau sind, können sie sich die jungen kräftigen Autos leisten. Das ist ein trauriger Widerspruch. Wenn du das nächste Mal einen Jaguar, einen Bentley oder gar einen Rolls-Royce siehst, musst du versuchen, einen Blick auf den Fahrer zu werfen. In den allermeisten Fällen hat er sein Haltbarkeitsdatum schon um ein paar Tage überschritten. Junge Männer in starken Autos sind entweder Berufssöhne oder Drogendealer. Das eine kannst du nicht werden, das andere solltest du nicht werden. Den Traum vom Wunderauto wirst du dir wahrscheinlich erst erfüllen können, wenn deine Party-Jahre längst vorbei sind. Deswegen hat es keinen Sinn, von einem Auto mehr zu erwarten als den möglichst sicheren Transfer von A nach B. Ein Auto ist ein Fortbewegungsmittel. Mehr nicht.

Natürlich kannst du versuchen, einen der zahlreichen Jobs in der Autoindustrie zu ergattern. Wenn du bei Porsche einen guten Posten hast, kannst du auch schon mit 30 in einem geilen Wagen sitzen. Wenn du also trotz meiner Warnung zum Autonarr werden solltest, dann mach aus dem Laster einen Beruf, und bewirb dich bei den besten Autofirmen der Welt. Dazu musst du nicht mal das Land verlassen. Und vor allem: Lass dann deinen alten Vater auch mal ans Steuer eines wirklich guten Autos. Dieses Vergnügen hatte er nämlich noch nie.

REGEL 24

GEH ZUM FRISEUR

Man geht zum Friseur, weil Friseure Haare schneiden können. Die haben das gelernt und wissen, wo sie die Schere ansetzen müssen, damit es nicht lächerlich aussieht. Einige Geizkragen sparen sich den Friseur und schneiden sich die Haare selbst. So sieht das dann auch aus: arm und billig. Männer, denen die Haare kreisrund ausfallen, bilden eine Ausnahme. Die können sich die Haare selbst abrasieren. Wer als Mann noch nicht unter massivem Haarausfall leidet, sollte sich hin und wieder einen Friseurbesuch gönnen. Die paar Euro sind gut investiert.

Du kommst rein und überall wimmelt es von schönen jungen Frauen. Es riecht nach frischgewaschenen Haaren, Haarwasser und Parfum. Man begrüßt dich freundlich lächelnd und bittet dich, Platz zu nehmen. Wenn es etwas dauert, schwirrt ein hübsches Wesen an und legt dir eine *Auto-Bild* und eine *Sport-Bild* zur Lektüre auf das Spiegelsims. Beim Friseur bist du noch ein echter Mann, von dem man annimmt, dass er sich für solche Zeitschriften interessiert. Ein junges Ding fragt dich, wie du es gern hättest. Du sagst: »Kurz«, und sie gehorcht. Beim Haarewaschen fragt sie, ob die Temperatur passt, dann geht ihr zurück an den Platz, dort fragt sie freundlich, ob du etwas trinken möchtest. Es gibt Kaffee, Wasser und Tee. Dann geht es los. Sie schnippelt, schaut und lächelt. Ein paar kleine Worte versüßen dir den Tag. Ein Gespräch entwickelt sich. Routinierte Antworten, professionelles Verhalten. Am Ende eine Kopfmassage, die dich abheben lässt. Danach der Spiegel am Hinterkopf. Du sagst: »Passt«, und sie sagt: »Danke.«

Hört sich das nicht gut an? Es ist klasse, so viel steht fest. Du solltest dir diesen Spaß unbedingt regelmäßig gönnen. Auch wenn du lange oder ganz kurze Haare hast, kann dir so ein Friseurbesuch nicht schaden. Die Haare spielen dabei natürlich eine untergeordnete Rolle. Haare? Was ist das schon für einen Mann! Sei froh, wenn du noch welche hast. Wenn auf deiner Birne nichts mehr wächst, darfst du nicht mehr zum Friseur gehen. Dann verpasst du was.

Wenn du in deinem Friseurstuhl sitzt, musst du dich lange im Spiegel sehen. Ein Mann schaut nicht oft in den Spiegel. Nur beim Friseur ist er gezwungen, sich länger als zwei Minuten zu betrachten. Das kann erschütternd sein oder erbauend. So ein Friseurspiegel ist gnadenlos. Eiskalt zeigt er dir deine Augenringe, deine Pickel, deine roten Augen. Er lässt dich wissen, ob du fett geworden bist oder grau, ob dir am Hinterkopf schon Haare ausfallen oder ob du eigentlich noch ganz gut aussiehst. Je älter du wirst, desto wichtiger wird der Friseurbesuch. Wo sonst lächeln dich hübsche junge Frauen an, wo sonst ist man einfach freundlich zu dir? Als Jugendlicher tut man sich beim Friseur etwas schwer. Man kann noch nicht smalltalken, misst den Haaren zu viel Bedeutung bei, ist eingeschüchtert von der Schönheit der Friseurinnen. Warte ein paar Jahre. Ab 30 liebst du den Friseurbesuch. So viel Spaß für so wenig Geld ist selten geworden.

REGEL 25

DU MUSST NICHT SCHÖN SEIN

Du bist kein Tier, sondern ein Mensch. Bei Menschen sind die Frauen schön und die Männer nicht. Hin und wieder trifft man auch schöne Männer. Aber grundsätzlich ist Schönheit Frauensache. Du musst also nicht schön sein. Ein Mann braucht andere Qualitäten.

Männer, die sich krampfhaft darum bemühen, schön zu sein, sind zu bedauern. Ihre Versuche wirken meist lächerlich. Komplizierte Frisuren und Bärte, Rasurstreifen in den Augenbrauen, Lippenstift und Eyeliner, Bauch-weg-Korsetts, wegoperierte Tränensäcke, hochhackige Schuhe, gefärbte Haare, superstylishe Kleidung – all das brauchst du nicht. Kümmere dich darum, möglichst fit zu bleiben, pass auf, dass du noch durch die Tür passt, und verdien einen Haufen Geld, das reicht voll und ganz.

Für Männer ist »Schönling« ein Schimpfwort. Für schöne Frauen gibt es keine Schimpfwörter, die mir bekannt sind. Wenn du dir am Abend eine Gurkenmaske auflegst, wenn du um neun ins Bett gehst, um dich schön zu schlafen, wenn du Evian trinkst, um jünger zu wirken, wenn du im Monat viermal shoppen gehst und stundenlang in Boutiquen herumhängst, solltest du dich fragen, ob du wirklich auf Frauen stehst. Vielleicht möchtest du lieber eine Frau sein und von einem Mann geliebt werden. So etwas ist heute kein Problem mehr. Dafür müsstest du dich nicht schämen. Wenn du aber sicher weißt, dass du Frauen liebst, muss dir klar sein, dass du nicht schön sein musst, um eine Frau zu erobern. Aktiv musst du sein, mutig und ideenreich, frech und fordernd, du brauchst Erobererqualitäten. Schönheit gehört nicht dazu.

Denn es ist heute immer noch so, dass die Frauen darauf warten, von den Männern erobert zu werden. Frauen machen sich schön, sie strahlen und locken. Die Männer suchen sich ein hübsches Wesen aus und machen ihr den Hof, bemühen sich um ihre Gunst, tun alles, um sie zu bekommen. Frauen sind passiv, Männer aktiv. Daran hat die Emanzipation der Frauen bis heute nicht viel geändert. Das kann man bedauern oder akzeptieren. Jedenfalls ist es eine Tatsache, zumindest in der deutschen Provinz.

Du bist keine Frau. Du kannst dich nicht wunderschön machen und darauf warten, dass du erobert wirst. Das geht nicht. Da wartest du 100 Jahre. Du spielst den aktiven Part. Du bist die Biene, die zur schönen Blume fliegt. Die Blume kommt nicht zu dir, auch wenn du eine noch so schöne Biene geworden bist.

Dass Männer nicht schön sein müssen, ist ein großer Vorteil. Für Frauen muss es qualvoll sein, wenn sie mit zunehmendem Alter ihre Schönheit verlieren. Einem Mann kann das egal sein. Ein Mann muss sich nicht jede Woche auf die Waage stellen, er braucht keine modischen Klamotten, keine Kosmetik, keine Push-up-BHs und sonstigen Formgeber. Ein Mann muss nur einigermaßen sauber sein, sollte nicht stinken und möglichst intakte Kleidung tragen. Diese Freiheit dürfen wir uns nicht nehmen lassen!

REGEL 26

DU BRAUCHST EINEN KLAREN KOPF

Männliche Wirrköpfe haben es schwer im Leben. Du musst klar in der Birne sein, um zu wissen, was gespielt wird, um erfolgreich zu sein. Wirrköpfe werden leicht zu Opfern. Windige Geschäftemacher erkennen Wirrköpfe sofort und schwatzen ihnen den größten Mist auf. Wer nicht klar im Kopf ist, wird ausgenommen wie eine Weihnachtsgans. Für Spinner gibt es hier keine Gnade.

Kopfklarheit ist substanzabhängig. Wenn du jeden Abend sieben Bier zwitscherst, wirst du hohl und dumm. Drogen machen dich belämmert und schwach. Kennst du den Spruch: »Kiffen macht gleichgültig. Mir doch egal«? Auch LSD, Ecstasy, den ganzen Design-Quatsch, Koks oder Heroin, lass das alles sein. Wenn du dich entspannen willst, trink ein paar Bier, aber nicht jeden Abend. Dein Kopf muss klar bleiben, sonst machen sie dich fertig.

Aber es reicht nicht, nur auf Drogen zu verzichten. Um einen klaren Kopf zu bekommen, musst du auch lesen. Im Internet, in den guten Zeitungen (vergiss die Lokalblätter), in aktuellen Sachbüchern, auf Klowänden, Mauern und Plakaten. Unsere Lebenswelt besteht zum großen Teil aus Buchstaben. Du musst ein guter Leser sein, um die Welt zu verstehen.

Bewegung ist auch gut für den Kopf. Halte dich fit, mach Kraftsport, geh joggen, fahr Rad, schwimm durch den Bodensee, besteig den Watzmann. Mens sana in corpore sano. Die alten Römer vermuteten einen gesunden Geist in einem gesunden Körper und lagen damit wahrscheinlich nicht ganz falsch.

Wenn du verrückt wirst, geh zum Doktor und lass dir Pillen verschreiben. Die Medizin ist heute sehr weit. Sie kann dir alle möglichen Flausen chemisch austreiben. Nutze die Angebote. Alles, was dich klar macht, ist zu begrüßen. Glaub nicht den irrationalen

Pillenhassern. Es gibt sogar Menschen, die Kinderimpfungen ablehnen. Solche Leute suhlen sich später jahrelang in Depressionen, weil sie keine Tabletten schlucken wollen.

Du brauchst immer wieder Pausen, um den Kopf klar zu bekommen. Lass dich nicht jagen. Wenn dein Chef nach 21 Uhr bei dir zu Hause anruft, mach ihn zur Sau. Du brauchst auch genug Schlaf. Jeden Tag Party geht nur in jungen Jahren. Auf sechs, sieben Stunden Schlaf im Schnitt solltest du schon kommen.

Und schau nicht zu viel Fernsehen. Fernsehen macht schlapp und gefügig. Lies lieber Zeitung oder entspann dich bei drei Bieren. Vor allem musst du viel nachdenken. Es gibt Leute, die so gut wie nie richtig denken. Die benutzen ihren Kopf nur zum Nicken. Ein klarer Kopf kann denken. Denken ist sehr wichtig. Ich wundere mich, dass sie den Kindern in der Schule alles Mögliche, nur nicht das Denken beibringen. Bestimmt haben die Herrscher kein Interesse an denkenden Untertanen. Die Herrscher können dir aber egal sein, du sollst deinen Kopf klar halten und ihn zum ausgiebigen Denken benutzen. Was du dann denkst, ist deine Sache. Da quatsche ich dir nicht rein.

REGEL 27

SEI STOLZ

Ein Mann darf sich nicht alles gefallen lassen. Sein Stolz bewahrt ihn davor, ein Trottel zu werden. Wenn dein Arbeitgeber nicht nur schlecht zahlt, sondern dich auch noch mies behandelt, verbietet dir dein Stolz, dem Ausbeuter länger zu helfen. Du nimmst eine Phase der Armut in Kauf, weil du nicht bereit bist, der Fußabstreifer deines Chefs zu sein? Sehr gut. Weiter so. Ein Mann braucht seinen Stolz.

Stolz kann man aber auch übertreiben. Früher ging es überall um Stolz und Ehre. Heute denkt man pragmatischer und schaut eher auf den Nutzen als auf die Ehre. Das hat gewisse Vorteile. Die Wirtschaft läuft reibungsloser, wenn alle auf ihren Nutzen achten und keiner auf seine Ehre. Aber wenn es Stolz und Ehre überhaupt nicht mehr gibt, werden wir alle zu Sklaven, zu putzigen Automaten, die lächeln, wenn man Geld reinwirft.

Wenn bestimmte Grenzen des Anstands überschritten werden, musst du reagieren. Zu eng darfst du diese Grenzen nicht stecken. Manche Verrückte fühlen sich schon in ihrem Stolz gekränkt, wenn sie einer in der U-Bahn schief anschaut. Natürlich musst du dir eine ganze Menge gefallen lassen – aber nicht alles! Du hast eine gewisse Menschenwürde, die niemand ungestraft verletzen darf.

Sollte diese Grenze verletzt worden sein, musst du handeln. Wenn es dein Chef war, der dich gekränkt hat, musst du kündigen. Mach es aber so, dass ihm die Kündigung wehtut. Ein bisschen Rache muss immer sein. Merk dir die Kränkung, triff deine Entscheidung, führe sie aber erst aus, wenn es im Betrieb besonders hoch hergeht und deine Anwesenheit zwingend notwendig ist. Nur durch solche Aktionen zeigst du deinem Chef, wie sehr er dich verletzt hat. Nur so gibst du ihm die Chance, aus seinen Fehlern zu lernen.

Du musst wehrhaft sein, du brauchst Stacheln. Eine Verletzung deiner Grenzen musst du rächen können. Sonst bist du nur ein Kuscheltier, das niemand ernst nimmt. Wenn einer deinen Stolz verletzt, wirst du wütend. Wut ist gut. Ein Mann, der nie wütend wird, steht entweder unter Drogen oder ist auf andere Art nicht ganz normal. Versuch aber, deine Wut nicht in Gewalt münden zu lassen. Sonst bist du gleich im Gefängnis. Gewalt ist illegal. Nur der Staat darf Gewalt ausüben. Deine Racheakte müssen eleganter sein.

Wie sie im Einzelnen aussehen, musst du selbst entscheiden. Auf jeden Fall wirst du oft Gelegenheit bekommen, deinen Stolz zu demonstrieren, denn jeder Mensch wird hin und wieder gekränkt. Schluck den Ärger nicht einfach herunter, schon gar nicht mit Alkohol. Geh aktiv mit den Kränkungen um: Fang sie ein, bieg sie um, und schmeiß sie zurück zum Absender. Das macht nicht nur Spaß, es bringt dich auch weiter und verbessert die Welt.

REGEL 28

TRINK BIER

Gestern war ich in einem Sportheim und habe auf Sky das Fußballspiel Borussia Dortmund gegen Schachtar Donezk angeschaut. Dortmund gewann 3:0 und ist damit im Viertelfinale der Champions League gelandet. Ich trank drei Helle. Also 1,5 Liter Bier. Im Sportheim saßen fast nur junge Männer zwischen 20 und 30 Jahren. Die meisten tranken alkoholfreies Weißbier (für Norddeutsche: Weizenbier). Einer bestellte sogar einen Pfefferminztee. Das hat mich ganz schön geschockt. Denn eigentlich wollte ich dich heute in dieser Regel vor zu hohem Alkoholkonsum warnen. Offenbar hat sich die Situation bei den jungen Männern aber gedreht. Die trinken nicht zu viel, sondern zu wenig.

Spaß beiseite: Natürlich sollst du kein Alkoholiker werden, der sich jeden Tag eine Kanne Bier um den Hals hängt. Pro Woche brauchst du zwei Tage, an denen du komplett alkoholfrei lebst. An den Trinktagen sollte in der Regel auch nach spätestens vier Halben Schluss sein. Aber ich bezweifle, dass man überhaupt noch Alkohol trinken darf, wenn du groß bist.

Den Zigaretten wurde ja schon der Garaus gemacht. Wer heute raucht, muss sich wie ein Verbrecher fühlen. Man kann pro Tag ein Kilo Fleisch essen, ohne krumm angeschaut zu werden, aber wehe, man steckt sich nach der Fressorgie eine Zigarette an. Da beginnen gleich die Diskussionen. Wer heute raucht, muss sagen, dass er bald aufhört, sonst hält man ihn für asozial.

Nachdem man das Rauchen unmöglich gemacht hat, wird man sich als Nächstes auf den Alkohol stürzen. Ob du als Erwachsener drei halbe Bier trinken kannst, ohne als hoffnungsloser Trinker zu gelten, wird sich zeigen. Ich glaube, in 20 Jahren wird man Bier nur noch in Kölner Reagenzgläsern ausschenken und dafür den doppelten Preis verlangen. Die Promillegrenze für Autofahrer wird man wie einst in der DDR auf 0,00 festlegen. Euch gönnt man gar keinen Spaß mehr. Ihr werdet für euer Recht auf Party wirklich kämpfen müssen.

Die Jungs im Sportheim tranken das alkoholfreie Weißbier in Unmengen. Vielleicht hofften sie, wenigstens ein paar Tröpfchen Alk abzubekommen. Denn auch von alkoholfreiem Bier kann man betrunken werden, wenn man mehr als fünf Liter davon trinkt. Hinter mir saßen zwei mutige junge Männer, die echtes Bier wollten. Die bestellten allen Ernstes »unalkoholfreies Weißbier«. Es kann leicht sein, dass man in 20 Jahren alkoholfreies Weißbier bekommt, wenn man Weißbier bestellt. Wenn du später echtes Bier willst, musst du womöglich sagen: »Mit Alkohol, bitte!« Man wird dich ansehen wie einen Gewaltverbrecher. Man wird dich aber auch respektieren. Du wirst unglaublich verwegen wirken, nur weil du dich traust, echtes Bier zu trinken.

Frauen mögen mutige Männer. Trink Bier. Zu deiner Zeit wird man dazu tatsächlich Mut brauchen. Aber lass die Finger von Bier-Mixgetränken. In echtes Bier gehört kein Fruchtsaft.

REGEL 29

DU BRAUCHST NICHT VIELE FREUNDE

Ein erwachsener Mann mit vielen Freunden ist seltsam. Wenn er eine Familie hat und viele Freunde, wird er mit Sicherheit seine Familie vernachlässigen. Die Aufgaben im Haus überlässt er seiner Frau, während er mit seinen Freunden Fahrrad fährt oder Minigolf spielt. Es gibt solche Männer in Weltgegenden ohne Frauenemanzipation. Da hockt der Mann beim Tee und palavert mit seinen Freunden, während die Frau die Wäsche wäscht, kocht, die Kinder beaufsichtigt, den Boden kehrt und das Blätterdach ausbessert. Männer, die diesen Machostyle auch bei uns leben wollen, finden sich schneller vor dem Scheidungsanwalt, als sie gehen können. Es gibt noch ein paar ältere Frauen, die ihrem Mann ein Leben auf dem Sonnendeck ermöglichen, aber die Frauen meiner Generation sind dazu in der Regel nicht mehr bereit.

Seit über 20 Jahren sinken in Deutschland die Reallöhne. Die Menschen werden auf breiter Basis ärmer. Das bedeutet für Familien, dass meistens beide Ehepartner arbeiten müssen, um die Kinder ernähren zu können. Die heutigen Frauen können nicht mehr zu Hause bleiben und dem Mann den Rücken frei halten. Sie müssen selbst arbeiten. Für den Mann heißt das: Er muss im Haushalt mithelfen. Während er Hausarbeit macht, kann er seine Freunde nicht treffen. Der Ehemann von heute hat deswegen weniger Freunde als der Ehemann von früher. Daran ändert auch Facebook nichts. Die 500 virtuellen Figuren, die sich dort als Freunde bezeichnen, sind nur elektronische Signale. Echte Freunde bestehen aber aus mehr als 0 und 1.

Viele Männer wollen auf ihre Freunde nicht verzichten. Die fühlen sich unter Männern wohler als unter den Fittichen einer hübschen Frau. Solche Männer gehen gern in Fitnessstudios, wo sie dann im Umkleideraum nackt ihre Reden schwingen, nachdem sie sich in der Sauna und unter der Dusche bereits ausgiebig miteinander unterhalten haben. Die Gespräche solcher Männer beinhalten durchaus Sätze wie »Hast du von mir geträumt?« oder »Treffen wir uns morgen wieder?«. Man behandelt sich freundlich und zuvorkommend.

Zärtlichkeit unter Männern lehne ich ab. Daher sind mir Männer mit vielen männlichen Freunden grundsätzlich suspekt. Ich finde, ein Mann sollte zwei, drei richtige Freunde haben und sich ansonsten um seine Familie und seine Arbeit kümmern. Wenn du dein Dasein als Single fristen willst, musst du diese Regel nicht beachten. Dann sind viele Freunde wahrscheinlich unvermeidbar. Aber auch als Single solltest du womöglich darauf achten, mehr Freundinnen als Freunde zu haben. Mit Frauen kannst du wenigstens intim werden.

Okay, natürlich leben wir in aufgeklärten Zeiten. Wenn du später auf Männer stehen solltest, darfst du dich selbstverständlich in tausend Männerfreundschaften suhlen. Dann gilt diese Regel ganz und gar nicht. Dann gelten aber auch einige andere Regeln dieses Buches nicht. Vielleicht liest du dann lieber die *111 Regeln für meine Tochter.*

REGEL 30

HEIRATE

In seinen schwächsten Momenten hat mich mein Vater davor gewarnt zu heiraten. Es kann gut sein, dass ich dir diesen Tipp auch eines Tages geben werde. Im Moment beginnt draußen der Frühling. Ich fühle mich pudelwohl und glücklich. Jetzt gebe ich dir den Rat: Heirate.

Du musst das einfach erleben. Es gehört zur Grundbildung eines Mannes. Du hast ein paar Freundinnen. Irgendwann gefällt dir eine so gut, dass du sie nicht mehr verlassen willst. Und dann bleibst du einfach bei ihr. Vielleicht will sie nicht vor den Altar treten. Dann solltest du sie nicht dazu zwingen. Aber wenn ihr zusammenbleibt und euch treu seid, ist es ja trotzdem ein eheähnliches Verhältnis. Der Trauschein bietet allerdings steuerliche Vorteile, die du nicht unterschätzen solltest. Außerdem wirkt es doch albern, wenn du die Frau, mit der du zwei Kinder hast und seit zehn Jahren das Bett teilst, als Freundin oder gar Lebensgefährtin bezeichnest. Es ist auch komisch, wenn deine Kinder einen anderen Nachnamen haben als du. Ohne Ehe ist das so. Ich empfehle daher die Heirat.

So eine Hochzeit ist auch etwas Schönes. Es ist das größte Fest deines Lebens und viel schöner als deine Beerdigung. Als Bräutigam bist du meist noch jung und frisch, naiv und eckig, schüchtern und voller Hoffnung. Es kann sein, dass dir deine Hochzeit gar nicht gefällt. Trotzdem ist es die mächtigste Party. Denn du traust dich. Du traust dich zu heiraten. Du zeigst Mut. Mut zu zeigen ist für einen Mann immer gut.

Diesen Mut brauchst du auch, denn die Ehe fordert viel. Meistens ist sie von Kindern gekrönt. Ein, zwei Kinder großzuziehen ist eine Herkulesaufgabe, die man leicht unterschätzen kann. Aber auch die ewige Treue zu deiner Frau ist manchmal eine Bürde. Das empfindet deine Frau wahrscheinlich genauso, auch wenn sie es dir nicht sagt. Ihr werdet euch oft streiten. Daran ist nichts falsch. Konflikte dürfen nicht still vor sich hin schwelen, sie müssen mit Krach und Donner ausgetragen werden. Da können schon mal die Fetzen oder ein paar Gläser fliegen. Aber bitte: Schlag deine Frau nicht! Das solltest du nie tun. Auch deine Kinder solltest du nach Möglichkeit nicht schlagen. Und wenn, dann nur so, dass du ihnen nicht wehtust. Du bist ein starker Mann. Wenn du mit voller Kraft zuhaust, kannst du sehr viel kaputt machen.

Ihr werdet euch immer wieder versöhnen. Deine Frau wird dir viel verzeihen. Auch du wirst mit ihr nachsichtig sein müssen. So eine Ehe ist eine wirkliche Lebensschule. Wer das nicht mitgemacht hat, verpasst eine Menge. Ein unverheirateter Mann bleibt lebenslang ein großer Junge. Du solltest ein Mann werden. Such dir ein hübsches Mädchen, bleib bei ihr und behandle sie gut. Etwas Besseres kannst du auf dieser Welt nicht tun. Vergiss die Kunst, die Macht, das Geld und den Glauben. Die Liebe ist der Chef des Planeten.

Nach spätestens zwei Jahren ist der Honeymoon vorbei. Dann wird aus der Verknalltheit Liebe. Und diese Liebe wächst weiter. Alle paar Jahre erreichst du ein neues Level. Dieses Game solltest du bis zum Ende spielen: »World of Lovecraft« oder »Die Real-Life-Ehe-Challenge 3.0«. Wie weit kommst du? Wann haut es dich raus?

REGEL 31

DU BRAUCHST EINE UHR

Wenn du dich nicht in die Urwälder Papua-Neuguineas zurückziehst, brauchst du eine Uhr. Du musst wissen, wie spät es ist. Immer. Die Deutschen sind weltweit für ihre Pünktlichkeit bekannt. Enttäusche nicht die Vorurteile des Auslands. Trag eine Uhr und sei pünktlich. Pünktlich heißt: Fünf Minuten vor bis fünf Minuten nach dem Termin kannst du erscheinen. Ansonsten kostet das zehn Peitschenhiebe mit der neunschwänzigen Katze.

Für den schnellen Uhrzeitcheck ist eine Armbanduhr am praktischsten. Viele junge Leute fummeln heute an ihrem Telefon herum, wenn man sie nach der Uhrzeit fragt. So etwas können sich eigentlich nur hübsche Frauen erlauben. Ein Mann muss sofort wissen, wie spät es ist. Eine Armbanduhr ist für ihn Pflicht. Für Männer sind Uhren Statussymbole. Du kannst dir ruhig eine teure Uhr kaufen, wenn du das nötige Kleingeld hast. Was der Porsche oder der Jaguar unter dem Hintern ist, ist die Rolex oder die Breguet am Handgelenk. Solange du aber ein Durchschnittsverdiener oder armer Hund bist, tut es auch ein Sieben-Euro-Exemplar vom Lidl. Ich habe seit einem halben Jahr so eine, und sie funktioniert immer noch.

Ein Rechtshänder sollte die Uhr am linken Handgelenk tragen, damit er sie beim Schlagen schont. Ein Linkshänder trägt die Uhr rechts. Das gilt international übrigens auch für Eheringe.

Angeblich kann man mit einer normalen Zeigeruhr auch die Himmelsrichtung bestimmen, wenn die Sonne in Sicht ist. Ich kann dir aber leider nicht sagen, wie das geht. Informier dich, dann sparst du dir den Kompass. Allerdings braucht man in der zivilisierten Welt sowieso keinen Kompass.

Wenn du ins Bett gehst, hart arbeitest oder duschst, musst du die Uhr abnehmen. Auch wenn draufsteht, dass sie wasserdicht ist, sollltest du das tun. Früher stand auf den Uhren sogar, wie tief man mit ihnen unter Wasser tauchen kann, bevor sie kaputtgehen. Ich hatte mal eine bis 3.000 Meter, bin aber nie so tief getaucht. Das Bamberger Freibad war nur vier Meter tief.

Kauf dir keine bunten Uhren. Das dürfen nur Mädchen. Deine Uhr muss schwarz oder grau sein, zumindest wenn du über 20 bist. Die Uhrzeiger sollten auch nicht die Arme von Goofy oder Mickey Mouse darstellen, sonst hält man dich für einen Versicherungsagenten. Achte auf gediegenes, unauffälliges, aber edles Aussehen.

Wenn du eine Golduhr hast, musst du gut kämpfen können, denn man wird versuchen, sie dir vom Arm zu reißen. Der Goldpreis steigt. Golduhren sind heute nur noch etwas für Mafiosi oder Zuhälter. Die können sich verteidigen.

Wenn deine Uhr kaputt ist, lass sie reparieren oder kauf dir eine neue. Und zwar schnell. Ohne Uhr kannst du nur existieren, wenn du dein Leben als Urlaub betrachtest.

REGEL 32

DU MUSST WISSEN, WIE MAN EINE KRAWATTE BINDET

Es kann sein, dass du diese Regel plärrend ablehnst, solange du ein Jugendlicher bist. Alles, was nach Bürger riecht, ist normalen Jugendlichen ein Gräuel. Ich war auch so. Es erschreckt mich, wenn ich heute 20-Jährige mit Anzug in der Bar sehe. Übertreiben musst du es mit der Seriosität nicht. Einige wilde Jahre gestehe ich dir zu. Meinetwegen kannst du auch dein ganzes Leben als Outlaw mit tätowiertem Hals und Stiernacken verbringen. Aber sobald du beabsichtigst, ein Mitglied der bürgerlichen Gesellschaft zu werden, ist es wichtig, diese Regel zu beherzigen.

Wenn du ein Manager oder Bestatter wirst, musst du täglich mit Anzug und Krawatte am Arbeitsplatz erscheinen. Dann hast du die Regel sowieso drauf und musst hier nicht weiterlesen. Wenn du aber zur Mehrheitsgesellschaft gehörst und deine Brötchen in normalen Branchen verdienst, wird dir die Krawatte ideologisch fernstehen. Trotzdem musst du wissen, wie man mit ihr umgeht. Es kann sein, dass du nur fünf, sechs Mal in deinem Leben wirklich eine Krawatte tragen musst. Aber wie stehst du dann da, wenn du nicht weißt, wie man eine bindet? Wen willst du fragen? Wo willst du nachschauen? Du musst es als junger Mann lernen. Am besten fragst du deinen Vater.

Du kannst dir nicht vorstellen, zu welchen Anlässen du eine Krawatte brauchst? Pass mal auf: Bei meiner Beerdigung trägst du gefälligst eine Krawatte, am Tag des SPD-Siegs in Bayern (rot), auf deiner Nobelpreisverleihung, zu deiner Hochzeit, bei Bewerbungen, auf dem Passfoto, auf Hippie-Partys, bei der Abiturfeier. Anlässe finden sich leicht. Was machst du, wenn du plötzlich Bundeskanzler wirst, wenn sie dich zum Chefredakteur der *FAZ* küren, wenn du *DSDS* moderieren sollst? Willst du da im Pullover aufkreuzen? Befolge diese Regel, dann bist du für alles gewappnet.

Ich soll dir jetzt gleich erklären, wie man eine Krawatte bindet? Das geht nicht. Aber ich kann dir ein paar Tipps geben: Die Krawatte sollte möglichst lang sein. Du kannst dir vorstellen warum. Ihre Spitze sollte bis kurz an den Gürtel reichen, aber nicht über den Gürtel, das wirkt zu angeberisch. Der Knoten sollte nicht zu dünn sein. Die wichtigsten Leute haben die dicksten Krawattenknoten. Pass also auf, dass dein Knoten nicht dicker ist als der deines Chefs. Krawatten sollten aus Stoff sein, möglichst aus Seide. Auf keinen Fall darfst du dir eine schmale Lederkrawatte um den Hals hängen, das machen nur Gangster. Außerdem sollte deine Krawatte nicht lächerlich aussehen. Also nimm keine mit lila Kamelen, lachenden Halloween-Kürbissen oder FC-Bayern-Emblemen. Rosafarbene Krawatten erfordern ein sehr gutes Selbstbewusstsein, zu Beerdigungen trägt man Schwarz.

Wenn deine Freundin sagt, dass sie mit keinem Mann leben kann, der Krawatten in seinem Schrank hat, such dir eine neue. Mit solchen Frauen ist nicht gut Kirschen essen.

REGEL 33

ÜBERARBEITE DICH NICHT

Seit dem Kollaps der Sowjetunion muss sich der Kapitalismus nicht mehr anständig benehmen, um die Menschen von sich zu überzeugen. Er zeigt deswegen wieder seine grauenhafte Fratze. Das heißt, die Arbeitnehmer werden ausgepresst wie Zitronen und weggeschmissen, wenn sie leer sind. Zu diesem Spiel brauchst du viel Distanz, um nicht darin unterzugehen. Du musst wissen, wann du erschöpft bist und Pause brauchst. Und du musst dich trauen, diese Pausen auch zu machen. Mit einem Wort: Überarbeite dich nicht. Lass dich nicht durch die Gegend peitschen wie ein Zirkuspferd. Du bist ein Mensch und keine Maschine. Niemand darf dich lediglich benutzen.

Es bringt nichts, wenn du dich mit 40 totgearbeitet hast. Lass dich nicht ausbeuten. Und beute auch keine anderen aus. Die Welt besteht größtenteils aus Fieslingen und Idioten. Du solltest weder das eine noch das andere werden. Lass dich nicht jagen und jage selbst niemanden. Halte dich raus aus diesem kleinkarierten Dressurkäfig. Die Hetzerei ist etwas für die Unterbelichteten, für die Kulturbanausen und die Unmenschen. Du kannst durchaus erfolgreich sein, wenn du nach deiner eigenen Zeit arbeitest, wenn du über dich selbst bestimmst und keinen lächerlichen Chef über dir duldest. Du musst dich nicht anstellen lassen. Du brauchst nicht unbedingt einen Job, du brauchst nur Geld. Das darfst du nie vergessen.

Arbeit ist nicht der Sinn dieses Lebens. Arbeit ist das Mittel zum Zweck. Der Zweck ist dein Lebensglück. Niemand ist glücklich, wenn er sein Leben lang im Hamsterrad strampelt. Lass dich rausschmeißen aus diesem lächerlichen Rad. Sei nicht dumm, werde dein eigener Chef. Sei cool und entspannt. Wenn du merkst, dass du nicht mehr kannst: Hör auf mit der Rennerei. Setz dich ins Café und streck dein Gesicht in die Sonne. Lass die anderen rennen, hetzen und flippen. Du hast die Ruhe weg. Nur wer entspannt und ausgeschlafen ist, kann richtig gut verdienen. Die großen Chefs machen alle fünfmal Urlaub im Jahr. Glaubst du, die hetzen sich zu Tode? Die leben in Saus und Braus. Und was die großen Chefs können, kannst du schon lange. Der einzige Unterschied: Die Chefs trinken an der Copacabana Margaritas, du schlürfst Kaffee im Freibad.

Ein Kennzeichen des Kapitalismus ist, dass er von den Menschen grundsätzlich Unmögliches verlangt. Die Belohnungen werden durch die Werbung in die Hirne der Bevölkerung gepflanzt, aber kaum jemand kann sie je erreichen, und falls doch, merkt er sehr schnell, dass diese Belohnungen hohl und fad sind. Du musst möglichst bald erkennen, dass der Kapitalismus so gestrickt ist: Er stellt dir völlig unmögliche Aufgaben und will, dass du dein Bestes gibst, um das Mögliche zu erreichen. In diesem Spiel kannst du nur verlieren. Wenn du dich zu stark darauf einlässt, gehst du vorzeitig zugrunde. Es kann aber sein, dass es dieses Renn-und-Hüpf-System nicht mehr lange gibt. Spätestens nach der nächsten Megainflation wird der Kapitalismus weltweit kollabieren. Wenn du Lust hast, mach dir schon mal Gedanken über die Zeit danach. Denk dir ein besseres und menschenfreundlicheres Spiel aus, das funktioniert und durchsetzbar ist. Dann hast du deinen Platz in den Geschichtsbüchern sicher.

REGEL 34

HALTE DICH FIT

Ein Mann muss möglichst fit sein, um im Wettbewerb zu bestehen. Man kann den Wettbewerb verurteilen und auch für die Akzeptanz von Schwäche und Krankheit plädieren. Aber die Realität ist nun mal so, dass es kranke Männer in vieler Hinsicht schwerer haben. Damit du nicht krank oder schwach wirst, ist es also notwendig, deinen Körper in Schuss zu halten. Wie geht das?

Solange du jung bist, kannst du Fußball spielen oder irgendeinen anderen Sport machen. Dabei sollte dein Körper gefordert sein. Schach und Ballerspiele halten dich vielleicht geistig fit, aber nicht körperlich. Die heutige Jugend hat großes Pech, mit so vielen geilen Computerspielen aufwachsen zu müssen. Es macht wirklich Spaß, tage- und nächtelang am Bildschirm ein gutes Spiel zu spielen. Ich hatte in den 90ern einen *SimCity*-Flash. Ich verbrachte eine ganze Woche vor dem PC. Nur zum Schlafen, Essen und für die Notdurft verließ ich meinen Platz am Bildschirm. Körperlich hat mich das nicht weitergebracht. Glücklicherweise hatte ich damals eine nette Freundin (deine Mutter).

Unterschätze deinen Körper nicht. Er ist der Träger deines Geistes. Wenn der Körper nicht mehr will, kann der Geist in den Himmel fliegen. Du musst deinen Körper trainieren. Wenn du älter wirst, kannst du Ski fahren oder wandern, bergsteigen oder schwimmen. Auch Kraftsport ist eine Supersache. Im Fitnessstudio Gewichte stemmen, ein bisschen auf dem Stepper wackeln, ein paar Sit-ups neben schlanken Elfen, das macht Spaß und hält fit. Kann ich nur empfehlen. Das Geld für den Fitnessclub ist auf jeden Fall gut angelegt. Ein- oder zweimal pro Woche solltest du dich dort blicken lassen. Öfter solltest du nicht hingehen. Schließlich hast du auch noch andere Dinge zu tun.

Mit der Fitness kann man es auch übertreiben. Fitness ist ein Mittel zum Zweck, nicht der Zweck selbst. Das heißt, du musst pro Woche nicht mehr als fünf Stunden trainieren. Wenn du Berufssportler wirst, sieht das natürlich ganz anders aus, aber dann verdienst du ja auch Geld mit deinem Körper. Geld mit dem eigenen Körper zu verdienen halte ich für eine gute Sache. Vielleicht entschließt du dich dazu, Stuntman, Tänzer, Pornostar oder Callboy zu werden. Damit wirst du sicher glücklicher als mit diesem Intellektuellenkram, der mir die Kohle bringt. Intellektuelle vernachlässigen notorisch ihren Körper. Sie konzentrieren sich viel zu stark auf ihren Kopf. Das hat für sie viele Nachteile. Gerade wenn du Schriftsteller, Wissenschaftler, Filmregisseur oder Börsenheini wirst, musst du an deinen Körper denken und irgendeinen Sport betreiben, vor allem, wenn du die 40 überschritten hast.

Wenn du die Regel ignorierst und mit deinem Körper gar nichts anfängst, wirst du gesundheitliche Probleme bekommen. Natürlich ist Gesundheit nicht alles, ein glückliches Leben kann auch kürzer sein als 90 Jahre. Vielleicht hasst du Sport und Training. In diesem Fall nimmst du bitte eine Schere und schneidest diese Regel 34 ordentlich aus dem Buch heraus und entsorgst sie im Papiermüll.

REGEL 35

SEI NICHT ZU EHRGEIZIG

Zu viel Ehrgeiz kann dich kaputt machen, seelisch und körperlich. Wenn du dir ein Ziel steckst und alles tust, um es zu erreichen, wenn du dich dafür reinhängst und Tag und Nacht an nichts anderes mehr denkst als an dieses Ziel, wenn du am Sonntagnachmittag bei strahlendem Sonnenschein über deiner Arbeit brütest, wenn du nichts mehr wahrnimmst, nur noch dich und deine Arbeit, dein Ziel und deinen Traum, dann bist du zu ehrgeizig.

In unserem Land schätzt man die Ehrgeizigen. Sie halten das Rad am Laufen, sorgen für Wirtschaftswachstum und Wohlstand. Sie sind die Lieblinge der Chefs. Ehrgeiz wird oft belohnt. Geld, Frauen und Anerkennung warten auf den, der sich wirklich reingehängt hat und dabei einen kühlen Kopf bewahren konnte. Diese Regel heißt nicht: Sei nicht ehrgeizig. Sie heißt: Sei nicht *zu* ehrgeizig. Von Michael Schumacher oder irgendeinem anderen Formel-1-Champion gibt es ein passendes Zitat: »Ich habe immer versucht, möglichst langsam der Schnellste zu sein.« Überhole die anderen, aber überschlage dich nicht dabei. Es reicht, wenn du ein bisschen besser bist als die Konkurrenz. Du musst nicht der Beste, Schnellste und Tollste aller Zeiten sein.

Wer etwas zu stark will, bekommt es auf keinen Fall. Du musst in deinem Leben dem Zufall und dem Schicksal immer eine Chance lassen. Vielleicht hast du dir das falsche Ziel ausgesucht, vielleicht hast du einfach kein Talent als Maler, Schriftsteller, Astronom oder Koch. Auf Biegen und Brechen solltest du gar nichts versuchen. Sonst verbiegst und zerbrichst du dich selbst. Streng dich an, bleib deinen Träumen treu, aber bleib gelassen, wenn der Erfolg nicht gleich kommt. In vielen Berufen brauchst du einen sehr langen Atem, Rom wurde nicht an einem Tag erbaut. Egal, wie dein Ziel aussieht, du musst nicht ständig daran denken. Es ist schön, wenn du ein hochgestecktes Ziel verfolgst, aber trotzdem musst du dich auch im Alltag behaupten. Wenn du dein Ziel erst in 20 Jahren erreichst, wirst du viele Stunden, Tage und Monate mit ganz anderen Dingen verbringen müssen. Auch die erfordern deine Aufmerksamkeit und vielleicht sogar deine ganze Person.

Niemand erreicht etwas aus purem Willen. Es gehört immer eine Portion Glück dazu. Vielleicht gibt es da oben auch einen Typen, der dir hilft oder nicht hilft, je nach Lust und Laune. Letztendlich ist das Leben ein großes Spiel, in dem man gewinnen und verlieren kann. Die Ehrgeizigen wollen gewinnen. Das ist völlig natürlich. Aber sie können nicht immer gewinnen, nicht jeden Tag. Es gibt Rückschläge, Unfälle, Verzögerungen, ungünstige äußere Umstände, blöde Zufälle, Feinde und eigene Dummheit. Auch wenn dein Ziel noch so groß und weltbewegend ist, verlier nie deine Lockerheit. Nur mit einem Lächeln im Gesicht ziehst du die ganz große Nummer. Das Glück mag die Verbissenen und Unbedingten nicht. Kombiniere deinen Ehrgeiz immer mit einer Prise Lockerheit und Spaß. Rechne immer damit, dass du dein Ziel vielleicht überhaupt nicht erreichst. Wenn du dann sagst: »Egal, den Versuch war es trotzdem wert«, liegst du richtig.

REGEL 36

SEI NICHT GRAUSAM

Eigentlich versteht sich diese Regel von selbst, aber wer weiß, wie sich die Zukunft entwickelt. Es können politische Umwälzungen kommen, die es dir vielleicht ermöglichen, völlig legal absolut grausam zu sein. Wir hatten das schon einmal in Deutschland. Auch im Moment herrscht in einigen Ländern Bürgerkrieg. Alle Zivilisationsregeln sind dann außer Kraft gesetzt. Die Menschen kämpfen ums Überleben. Manche werden dabei zu Bestien. Das solltest du in jedem Fall vermeiden.

Grausamkeit hat viele Gesichter: Folter, Vergewaltigung, Mord. Ich möchte nicht zu sehr ins Detail gehen. Glücklicherweise könnte ich das auch gar nicht, weil ich im Frieden eines zivilisierten Landes aufwachsen durfte. Grausamkeit habe ich noch nicht erleben müssen. Alles, was ich darüber weiß, kenne ich nur vom Hörensagen und aus den Medien. Wenn du das Pech haben solltest, in wirklich schlechten Zeiten leben zu müssen, erinnere dich an diese Regel. Versuch, ein anständiger Mensch zu bleiben. Das geht ganz bestimmt. Auch im größten Chaos muss ein Mensch nicht zwangsläufig zur Bestie mutieren. Auch in den dunkelsten Stunden muss die Menschlichkeit nicht auf der Strecke bleiben.

Aber auch in Friedenszeiten kann man grausam werden. In Bayern wurden im Jahr 2012 insgesamt 307 Menschen ermordet. Wie viele Vergewaltigungen, körperliche Angriffe und Geisterfahrersuizide es gab, kann ich nicht sagen. Auf jeden Fall zu viele. Du solltest nicht in diese dunklen Bereiche abdriften. Bleib sauber, bleib ein anständiger Mensch, dann hast du schon genug erreicht. Alle Riesenziele, Weltrettungen und kosmischen Entdeckungen sind nichts wert, wenn sie menschliche Grausamkeit erfordern.

Sei auch nicht grausam gegen dich selbst. Zwinge dich nicht zu Dingen, die du verabscheust. Quäle dich nicht. Steck dir auch keine Nadeln in den Körper, verstümmle dich nicht, schneid dir nichts ab, renn keinen Marathon, wenn du mit 50 vor drei Wochen mit dem Rauchen aufgehört hast, und sei nicht so streng mit deinen Lastern. Du sollst dich nicht kasteien und nicht auspeitschen, du brauchst dich nicht zu Tode zu hungern und musst nicht alle bekannten Primzahlen auswendig können. Du musst dich wertschätzen und dich mögen, dann ist alles in Ordnung. Wenn du dich nicht magst, trink dich mit ein paar Bieren schön. Aber nimm gutes Bier. Ich empfehle Augustiner oder Tegernseer.

Quäle auch keine Tiere. Die kleinen Krabbler und Kriecher haben eh nur so ein kurzes Leben. Wenn dich eine Fliege wirklich nervt, schlag sie schnell und sicher tot. Jag sie nicht durch die Gegend, rupf ihr nicht die Flügel oder die Beine aus, und schmeiß sie auch nicht in ein Spinnennetz oder in eine fleischfressende Pflanze.

REGEL 37

FRAUEN HABEN IMMER RECHT

Du bist nicht in Saudi-Arabien oder Afghanistan geboren, sondern im stark emanzipierten Deutschland. Hier haben Frauen immer recht und Männer sind an allem schuld. Das wirst du noch merken. Als Mann stehst du sofort unter Verdacht. Männlichkeit ist unerwünscht. Als Mann bist du nur dann unverdächtig, wenn du offen zugibst, dass du Männer liebst und Frauen nicht. Sobald man erkennt, dass du Frauen magst, wird es schwer für dich.

Jahrhundertelang wurden Frauen hierzulande unterdrückt. Das hat sich nun geändert. Die Frauen haben sich weitgehend befreit. Jetzt geht es den Männern an den Kragen. Die Frauen geben uns zahlreiche Aufgaben, die sich oft widersprechen und daher in der Gesamtheit unerfüllbar sind. Hier ein kleiner unvollständiger Überblick:

Du musst Geld verdienen, viel Geld. Die Frauen sehen dich nach wie vor in der Ernährerrolle. Du bist gut, wenn du so viel Kohle machst, dass du eine fünfköpfige Familie problemlos ernähren kannst. Außerdem braucht ihr ein schönes eigenes Haus mit Garten und Pool, einen sicheren Zweitwagen für deine Frau, biologisch wertvolles Essen, Reitunterricht für deine Töchter, Gitarrenunterricht für deinen Sohn, zwei Urlaube im Jahr (aber nicht immer nur Italien) und zu Weihnachten schöne teure Geschenke. Die meisten Männer scheitern heute bereits an dieser Aufgabe, weil es sehr schwer geworden ist, als Einzelperson eine Familie zu ernähren.

Aber es geht noch weiter: Man erwartet von dir, dass du im Haushalt hilfst. Es wäre natürlich ungerecht, wenn immer deine Frau kochen, abspülen, einkaufen, Staub saugen, waschen, bügeln und putzen müsste. All diese Aufgaben musst du auch erledigen. Wenn du zu Hause bist, kannst du dich nicht auf der Couch entspannen, nein, da geht die Hausarbeit los und deine Frau entspannt sich auf der Couch. Natürlich musst du auch Zeit mit deinen Kindern verbringen. Du hast daher keine Freizeit mehr für dich allein. Wenn du nicht arbeitest, machst du Haus- und Familienarbeit. Tust du das nicht, bist du ein Macho, also schuldig im Sinne der Anklage.

Eine Frau mit Kindern darf heute nicht mehr einfach zu Hause bleiben und Hausfrau spielen. Man erwartet von ihr, dass sie einem Beruf nachgeht. Das heißt, deine Frau will arbeiten. Du musst noch mehr Haus- und Familienarbeit übernehmen, also weniger Zeit an deinem Arbeitsplatz verbringen. Gleichzeitig wird von dir erwartet, dass du trotzdem eine Menge verdienst. Wie das gehen soll? Das geht gar nicht. Du kannst all das nicht schaffen.

Aber man erwartet von dir noch mehr. Pass mal auf: Du darfst nicht trinken, du darfst nicht rauchen, du sollst schlank sein und Sport machen, du sollst nicht immer nur ans Geld denken, sondern auch ehrenamtlich tätig sein, beim Pinkeln sollst du dich hinsetzen, du sollst Freunde haben und dich im Internet auskennen, du sollst gebildet sein und Bücher lesen, politisch musst du dich auskennen, du musst handwerklich geschickt sein und dich ums Auto kümmern, du darfst nicht fremdgehen, aber deine Frau lässt dich trotzdem kaum ran, du sollst immer freundlich sein und dich um die Karriere deiner Kinder kümmern, du musst deine Frau loben und darfst den Hochzeitstag nicht vergessen. Weil das kein Mann schaffen kann, sind Männer immer an allem schuld. Noch nie wurden so viele Ehen geschieden wie heute.

REGEL 38

FÜHR DEINE FRAU AUS

Als Mann musst du ständig Abbitte leisten. Dein ganzes Leben ist eine einzige Entschuldigung. Dein Fehler ist, dass du ein Mann geworden bist, der sich in seiner Rolle auch noch wohlfühlt. Für dieses Verbrechen musst du büßen. Du musst proaktiv handeln, um dich wieder in ein besseres Licht zu rücken. Eine sehr gute Möglichkeit, dies zu tun, ist das Ausführen deiner Frau.

Geh mit ihr spazieren. Frauen mögen die frische Luft und den gemessenen, stolzen Gang durch die Ortschaft. Ihr müsst dabei langsam laufen, du darfst nicht hektisch sein und an deine Arbeit denken. Du musst die Natur sehen, ein Vögelchen süß finden, die gute Luft loben, über das Wetter und die Kinder reden, lächeln, lachen, Witze machen, gut drauf sein und dadurch deine Zuneigung zeigen. So ein Spaziergang wird gekrönt durch einen kurzen Aufenthalt in einem Café. Dort trinkst du natürlich kein Bier, sondern eben einen Kaffee, einen Tee oder heiße Zitrone. Deine Frau darf ein Stück Kuchen essen, auch wenn sie schon ein paar Kilo über dem *Playboy*-Maß ist.

Geh mit ihr auch ins Theater, in die Oper, in ein Konzert. Das ist zwar etwas teurer, aber du musst es dir leisten. Zwei, drei Mal im Jahr solltest du sie dazu einladen. Dabei musst du locker und souverän wirken. Sie will sehen, dass du auch in besserer Gesellschaft eine gute Figur machst. Du musst wieder lachen und charmant sein, ihr jeden Wunsch von den Lippen ablesen, ihr einen Drink nach dem anderen spendieren und ihr zu verstehen geben, dass du mit ihr sehr glücklich bist.

Ab und zu solltet ihr auch essen gehen. Aber nicht nur Schweinebraten für 4,90 Euro, sondern gediegen. In Deutschland gibt es gute Lokale. Jeder Ort hat einen Italiener, einen Griechen und ein teures Restaurant. Du musst dich überall hintrauen. Du musst die Führung übernehmen. Wenn ihr ein Lokal betretet, gehst du als Mann immer zuerst durch die Tür. Schließlich musst du die Lage checken. Ob du deiner Frau in die Jacke hilfst, musst du selbst entscheiden. In meiner Generation ist das kaum mehr üblich. Aber die Tür kannst du ruhig aufhalten.

Ob du immer und jedes Mal zahlst, nur weil du ein Mann bist, ist deine Sache. Wahrscheinlich ist es höflicher, wenn du ab und zu auch deine Frau zahlen lässt. Aber es muss klar sein, dass du immer zahlen könntest und immer zahlen wolltest. Wenn du deine Frau ausführst, kannst du deine Schuld gut abtragen. Das heißt, du kannst dir zu Hause mehr erlauben. Wer seine Frau ausführt, handelt proaktiv. Ich weiß zwar nicht genau, was »proaktiv« heißen soll. Mein Word-Programm unterkringelt den Begriff rot. Aber es hört sich super an. Klingt ein bisschen wie präventiv. Und genau das ist es: Wer seine Frau ausführt, erhöht sein Guthaben bei ihr. Egal wie emanzipiert die Frauen auch sein mögen, ausgeführt werden sie alle gern. Hier kannst du dich als Mann von deiner besten Seite zeigen. Du solltest es so oft wie möglich tun. Das Geld dafür ist ein gutes Investment in die Haltbarkeit eurer Beziehung.

REGEL 39

NIMM GELD MIT

Du lebst in einem Land, in dem man für alles bezahlen muss. Du brauchst Geld. Und zwar immer. Das heißt: Nimm deinen verdammten Geldbeutel mit, wenn du dein Haus oder deine Wohnung verlässt.

Wenn du den Müll rausbringst, Schnee schippst oder im Garten Laub rechst, kannst du auf Geld verzichten. Sonst nicht. Kauf dir einen guten Geldbeutel, der nicht total zerfleddert oder kasperig aussieht, steck ihn in deine rechte Hosentasche und schau, dass auch immer genug Bares darin zu finden ist. Einen 20-Euro-Schein solltest du mindestens darin haben, wenn du über 30 bist. Mit 20 oder 15 ist Geld noch nicht ganz so wichtig. Aber als Erwachsener musst du bezahlen können.

Es gibt Leute, die nie Geld dabeihaben. »Vergessen!«, sagen die dann, wenn es ans Begleichen der Rechnung geht. Diese Personen gehen davon aus, dass ein anderer seinen Geldbeutel dabeihat und für sie zahlt. Das ist infantiles Denken. Seinen Geldbeutel darf man nicht vergessen. Wenn es öfter passiert, wird es Zeit für einen Arztbesuch. Vielleicht hat man Alzheimer.

Im Geldbeutel eines Mannes sollte Bargeld sein, möglichst so viel, dass man sich ein Mittagessen und drei Bier kaufen kann. Außerdem muss im Geldbeutel der Personalausweis sein. Den muss man immer mitführen. Wenn man kontrolliert wird und ihn nicht dabeihat, kostet das 50 Euro. Dein Führerschein muss im Geldbeutel sein, falls du noch oder schon einen hast. Deine Versichertenkarte für die Doktoren ist drin, noch ein paar andere Karten, zum Beispiel EC- oder Kreditkarten und hin und wieder ein paar wichtige Telefonnummern. Alle paar Monate solltest du deinen Geldbeutel aufräumen und den Krempel rausschmeißen.

Auch das nervende Kleingeld musst du immer wieder in eine Sparbüchse entsorgen, wenn du nicht willst, dass der Beutel dich am Hintern drückt.

Lass dir nicht erzählen, dass man sein Geld in einem Brustbeutel tragen muss. Das machen nur kleine Kinder und Pauschaltouristen. Der Platz in der Hosentasche ist genau richtig. Wie soll ein Mann sein Geld sonst transportieren? Keine Ahnung. Eine Männerhandtasche wirst du ja hoffentlich nicht mit dir rumschleppen. Manche Heinis stecken sich auch ein paar Scheine in die vordere Hosentasche. Das ist sehr schäbig. Auch in der Hemdtasche sollte kein Geld sein, höchstens im Freibad kannst du so etwas machen. Komm bloß nicht auf die Idee, ohne Geld das Haus zu verlassen, weil man es dir sonst klauen könnte. Du musst Kohle dabeihaben. Sonst kannst du dir nichts kaufen.

In Würzburg gab es mal einen Verrückten, der kein Geld berühren wollte. Die Bedienungen im Café mussten sich die Beträge selbst aus seinem Beutel holen. Klar, wenn du verrückt wirst, kannst du sämtliche Regeln ignorieren. Aber solange du noch alle Pfeifen in der Röhre hast, geht das nicht. Wenn du also rausgehst: Nimm Geld mit – solange in Europa noch mit Geld bezahlt wird.

REGEL 40

MACH DICH NICHT ZUM AFFEN

Es ist heute schon sehr schwer, sich nicht zum Affen zu machen, und du bist noch klein. Bis du im Alter bist, um auf der Welt als Affe rumzutanzen, vergehen noch mindestens 20 Jahre. Es wird für dich schwierig, diese Regel einzuhalten, denn die Welt wird immer bescheuerter. Ich erzähle dir mal ein paar Sachen, wie sich heute Leute zum Affen machen, damit du kapierst, was ich meine:

Da gibt es zum Beispiel völlig beknackte TV-Shows, in denen sich junge Leute komplett zum Affen machen. Eine davon heißt *Deutschland sucht den Superstar*. Da versuchen einfache Leute von der Straße, eine dreiköpfige Jury aus Komplettspinnern von ihren Gesangskünsten zu überzeugen. Das ist manchmal ganz gut, wenn der Typ wirklich singen kann, meistens ist es aber ein ganz typischer Fall von »ich mache mich jetzt zum Affen«. Da singen 30-jährige Medizinstudenten völlig hirnrissige Schnulzen. Dann lassen sie sich vor einem Millionenpublikum von den drei Jury-Trotteln beurteilen. Dann winken sie in die Kamera und versuchen, das Publikum dazu zu bringen, für sie anzurufen. Und wenn sie in der Entscheidungsphase gewinnen, jubeln sie wie debile Dreijährige, wenn sie aber verlieren, weinen sie wie kleine Mädchen.

Und dasselbe Konzept gibt es vielfach in den deutschen Medien. Es gibt Shows für Models, es gibt Gerichtsshows, bei denen man rumbrüllen kann. Oder Kochsendungen. Affe werden geht gut in den meisten TV-Shows, aber auch im Internet. Meine Herren, was plappern da manche Menschen für Blödsinn in ihren Kommentaren zu irgendwelchen uninteressanten News. Was regen sich da viele Leute über nichts und wieder nichts auf, und all das in einer orthografisch bedenklichen Art und Weise. Lass dich nicht verführen, auch nicht vom Radio, das heute so mies ist, dass man es kaum beschreiben kann. Mach dich nicht zum Affen. Du bist als Mensch geboren. Ein Mensch ist vernunftbegabt und lässt sich nicht vorführen wie ein Tier im Zirkus.

Natürlich kann man sich auch außerhalb der Medien leicht zum Affen machen. Zum Beispiel mit dummen Anmachsprüchen. Wenn du zu einer Frau sagst: »Ey, bist du ein Stern, der vom Himmel gefallen ist?«, und dabei lallst und schwankst und stinkst. Wenn du beim Karaoke rotzbesoffen irgendeinen Scheiß nachsingst. Ich habe mich letztens zum Affen gemacht, weil ich auf der Rock Night zum Rammstein-Lied *Sonne* getanzt habe. Der DJ hatte vorher irgendeinen Schmarrn gequatscht, das Lied hörte sich auch komisch an, aber ich habe trotzdem drauf getanzt. Mein Freund Kurt hat mir am nächsten Tag gesagt, dass das ein Lied von Heino war. Heino ist ein Sänger, der schon uralt war, als ich eingeschult wurde. Heute muss er etwa 135 sein.

Man kann sich auch leicht mit seinen eigenen Kindern zum Affen machen. Wenn du mit deinem Sohn in Dutzi-Dutzi-Sprache sprichst. Wenn du ihm auf offener Straße ein gefühlvolles Lied vorsingst oder dich von ihm zum Narren halten lässt. Ja, Kinder sind so eine Sache. Manchmal geht es nicht anders. Da wird man einfach zum Affen. Übrigens habe ich nichts gegen Affen. Lustige Tiere sind das. Aber ein Mensch ist nun mal ein Mensch und kein Affe.

REGEL 41

TRAG KEINE NEONKLEIDUNG

Sagen wir mal so: Wenn du noch ein kleiner Hosenscheißer bist und noch nicht selbst deine Kleidung aussuchst, kannst du ruhig Neonsachen anziehen. Denn weißt du was? Da hast du eh noch keine Chance, da zieht dir die Mama die leuchtende Kasperlmütze auf, egal wie du plärrst, und meistens ist es dir wahrscheinlich auch ziemlich egal, wie du rumläufst.

Aber, Bürschchen, wenn du dann mal groß bist und selbst deine Klamotten kaufst, lass bloß die Finger von diesem Neonkram. Willst du leuchten wie ein Signal auf zwei Beinen? Willst du, dass jeder schon von Weitem sieht, dass du ein Idiot bist? Ein Mann leuchtet vielleicht mit seiner glühenden Zigarettenspitze, seinen strahlend blauen Augen oder seinem Heiligenschein, aber auf keinen Fall mit seiner pinkfarbenen Jacke oder seiner grünen Hose.

Warum das so ist, kann ich dir sagen: Wer auffällt, wird leicht zum Opfer. Wenn du dich als Opfer siehst, bitte schön, dann leuchte wie ein Feuerwerk. Aber wenn du dich als Jäger verstehst, dann darf deine Kleidung nicht schon von Weitem schreien, dass du kommst.

Ach so, im Straßenverkehr. Jaja, nachts mit dem Fahrrad auf einer dunklen Landstraße. Da muss man doch gesehen werden, sagt dein Lehrer. Aber wer sagt denn, dass du nachts auf einer dunklen Landstraße mit dem Fahrrad unterwegs sein musst? Arbeite gut und kauf dir ein cooles Auto. Das kann dann auch ruhig hellorange oder schreigelb sein. Und wenn du noch ein junger Spund bist und noch keinen Führerschein haben darfst, dann fährst du auf der dunklen Landstraße mit deinem dunklen Fahrrad eben vorsichtig. Das ist immer noch besser, als mit dem Signalstreifen am Kopf bei deiner Angebeteten zu klingeln.

Übrigens ist es manchmal auch besser, wenn du optisch unauffällig bei deiner Angebeteten klingeln kannst. Es soll nämlich vorkommen, dass Angebetete schlechtgelaunte Freunde mit Karatekenntnissen haben.

Am schlimmsten ist aber, wenn du Neonsachen trägst UND DEINE FRAU GENAU DIESELBEN SACHEN ANHAT. Wenn ihr sozusagen aus Solidarität oder Frühvergreisung auf die Idee gekommen seid, euch optisch aufeinander abzustimmen. Jeder soll schon von Weitem sehen, dass ihr zusammengehört. Und damit es auch wirklich jeder schon von ganz weit weg sehen kann, nehmt ihr Neonzeug in Idiotenpink, Kotzgrün oder Atomgelb. Das darfst du nie machen. Niemals, hörst du. Wenn deine Freundin dir diesen Vorschlag macht, renn sofort weit, weit weg von ihr. Lass alles stehen und liegen. Diese Frau musst du unbedingt verlassen. Ein Ehepaar in identischen Neonklamotten: Das ist der Gipfel des Wahnsinns.

REGEL 42

MÄNNER WEINEN NICHT

Tränen lügen nicht, heißt es, aber du darfst nicht weinen. Willst du vor deiner Familie dastehen wie ein kleiner Junge? Soll dir deine Frau ein Taschentuch geben, dich in den Arm nehmen und streicheln? Nein, das soll sie nicht. Du bist ein Mann. Männer weinen nicht. Wenn Männer doch mal weinen, muss schon wirklich viel passieren. Ein Todesfall, ein harter Liebesentzug, ein brutaler Fehler, da kann man auch als Mann weinen. Das kommt im Erwachsenenleben ein paar Mal vor. Aber in der Regel sollten deine Augen trocken bleiben. Wenn du ein alter Mann wirst, kannst du feuchte Augen bekommen. Da ist es nicht mehr so schlimm. Aber bis zur Rente bist du ein Typ, von dem man erwartet, dass er sein Augenwasser im Griff hat.

Wie immer gibt es Ausnahmen. Wenn dein Fußballverein das Champions-League-Finale in der Nachspielzeit verliert, okay, heul wie ein Schlosshund. Wenn du grillst und dein verdammtes Zwei-Kilo-T-Bone-Steak durch den Scheißgrill in die Kohlen fliegt und verglüht: Schrei vor Schmerz! Wenn du im Suff auf einer Porno-Website viermal zu oft »okay« gedrückt hast und dein Konto bis auf den letzten Dispotropfen leergeschlürft wurde: Hier, nimm ein Tempo! Verdammt, es gibt viele Gründe zu weinen. Wenn du willst, steh jeden Morgen auf und schnief dich erst mal trocken.

Bist du nah am Wasser gebaut? Es gibt ja solche Fritzen, die ständig nasse Augen haben. Emotionale Typen, Männer mit Charme und viel Herz. Wenn du so einer bist, werden dir die Frauen wahrscheinlich nachlaufen. Ich bin nicht so. Ich habe meine ganzen nichtgeweinten Tränen in meinen großen Tränensäcken untergebracht. Okay, mir laufen auch keine Frauen hinterher, nur große weiße Hunde. Heute hat mir einer in den linken Schlappen geschnappt. Blöder Hund!

Männer weinen nicht, aber ist es überhaupt erstrebenswert, ein Mann aus dem Bilderbuch zu sein? Nimm diese Regel nicht so ernst. Ich tue es auch nicht. Weinen ist irgendwie kindisch, oder? Nein, jetzt mal Spaß beiseite: Du kannst natürlich nicht dreimal pro Woche flennen. Auch nicht viermal im Monat. Vielleicht dreimal pro Jahr. Sonst hält man dich für einen seltsamen Vogel, für einen Versager, für einen ängstlichen Waschlappen.

Laut weinende Männer gibt es nur im Theater. Wenn du wirklich weinen musst, dann tue es heimlich, still und leise. Bitte nicht auf der Straße. Weinen, das ist etwas für Leute, die sich machtlos fühlen. Aber machtlos solltest du nur selten sein. Bei Todesfällen bist du machtlos, da kannst du weinen, aber in der Regel bist du noch fit und kannst die Dinge zu deinen Gunsten wenden. Das heißt, du brauchst nicht zu jammern und zu weinen. Du musst tätig werden und handeln.

REGEL 43

MACH DICH LOCKER

Du glaubst, ich schreibe dir hier 111 seriöse Regeln auf? Das geht gar nicht. Männer sind so unterkomplex, dass sie mehr als 30 ernste Regeln nicht befolgen können. Für Frauen könnte man 300 Regeln aufstellen. Ach was! 700! Aber du bist nun mal als Mann geboren, bei dir geht im Hirn alles eher den geraden Weg. Weniger Differenzierungen. Keine Kurven. Nur selten Unterpunkte. Das musst du nicht schlecht finden. Es ist so, finde dich damit ab. Während die Mädchen noch aufmerksam zuhören, kannst du dich schon locker machen und an dein Bier am Abend denken.

Mach dich locker, Mann, sei nicht so seriös. Das nimmt dir eh keiner ab. Seriosität ist etwas für Frauen und Bankangestellte. Frauen sind seriös, Bankangestellte nicht, die tun nur so. Du musst später auch oft so tun, als sei dir eine Sache furchtbar wichtig. Wenn du Politiker wirst und Reden schwingst, musst du immer ganz betroffen tun, wenn es um das Schicksal der armen Leute geht. Jeder weiß, dass den Politikern die Armen scheißegal sind. Trotzdem glauben wir ihnen im Moment ihrer perfekten Reden jedes Wort. Ein Phänomen. Auch als Manager, Schauspieler, Journalist oder sonst was musst du immer den Eindruck erwecken, mit Leib und Seele bei der Sache zu sein. Aber natürlich ist das nur deine Berufsmaske. Wenn du nach Hause kommst und in den Feierabend übergehst, musst du dich locker machen.

Ich kann dir das jetzt sagen, weil bei mir auch schon der Feierabend angefangen hat. Es ist zehn nach fünf am Nachmittag. Normalerweise habe ich jetzt schon den Kühlschrank bestückt und heimlich die ersten fünf Scheiben Wurst gefuttert. Aber heute bin ich eingeladen. Ich bekomme Bier woanders. Denn heute spielt Bayern München gegen Arsenal London und das schauen wir bei einem Kumpel an. Ich freue mich darauf natürlich wie ein Schneekönig und befinde mich in so guter Verfassung, dass ich dir hier sogar mein Feierabendgesicht zeigen kann. Schriftstellerisch, versteht sich. Die Sätze werden nicht siebenmal auf Validität und Sinn abgeklopft, sondern schlicht in die Tasten gehämmert. Schreiben ist eine coole Sache. Eigentlich kannst du dabei machen, was du willst. Die Frage ist nur, ob es dir irgendjemand abkauft. Aber dafür ist hier schon gesorgt.

Tja, Junge, alles ist schrecklich, oder? Die Welt ist grauenhaft und mies, das Wetter kalt und beschissen, die Frauen rechthaberisch und spröde, das Fernsehen grottenschlecht und saudumm, unsere Politiker sind kurzsichtige Egozentriker, und das Benzin, oje, das Benzin wird immer teurer. Darüber kann man sich furchtbar aufregen und zum Wutbürger werden, zum empörten Bürger, zum Bürger in Rage, zum Berserker in Bürgeruniform – oder man schnappt sich einen aktuellen *Kicker*, blättert darin rum, sucht sich ein Spiel aus, paar Bierchen dabei, zwei Schachteln Kippen, und fertig. Schon ist aus der Wut ein kleines warmes Lüftchen geworden. Reg dich nicht auf, es könnte alles viel schlechter sein. Deutschland ist so fett und so reich geworden, hier kann es dir gar nicht wirklich schlecht gehen. Es gibt keinen Grund zur Aufregung. Mach dich locker. Zeig der wütenden Welt dein Lächeln. Am Ende gehen wir eh alle drauf.

REGEL 44

SEI NICHT ZIMPERLICH

Von einem Mann erwartet man eine gewisse Härte. Er sollte nicht weinen, nicht jammern, keine Angst haben, sich was trauen und laut und deutlich sprechen. Er sollte also nicht zimperlich sein. Weder beim Essen noch beim Trinken, nicht beim Schlafen, nicht beim Autofahren. Ein Mann hält etwas aus. Das ist die Regel.

Du bist bei deinem Kumpel und es gibt nur Oettinger, also Billigbier, von dem du leicht Kopfweh bekommst. Sagst du »Nein, das mag ich nicht«? Du trinkst deine zwei Flaschen und pfeifst auf das Kopfweh. Du bist in Ägypten und das Fladenbrot schmeckt nach Sand. Na und? Besser als gar nichts! Eine verdammte Tür geht nicht auf. Nimm Anlauf und drück sie ein. Ein elender Knoten ist so verdröselt, dass du keine Chance hast, ihn aufzubekommen. Hol die Schere. Du hast eine wilde Frau kennengelernt und dir dabei Kopfläuse zugezogen. Rasier dir den Schädel.

Ein Mann kennt immer eine Lösung. Diese Lösung ist oft brachial und kühn. Der Mann will das Problem beseitigen. Dabei darf er keine Zweifel haben. Negative Konsequenzen hält er später aus. Dass er Fehler macht, ist für ihn okay. Das Geschimpfe erträgt er stoisch. Ein Mann schleicht nicht auf leisen Sohlen durch die Welt. Er geht mit geradem Rücken mutig voran. Jeder muss sehen, dass dieser Mann vor nichts Angst hat. Dass er sich für nichts zu schade ist. Dass er tut, was er tun muss. Ein Mann ist ruppig und trampelig. Charmante und elegante Männer gibt es nur im Fernsehen. Vielleicht schaffst du es, mit Eleganz durchs Leben zu gehen, aber immer wird das nicht klappen. Hin und wieder musst du den Steinzeitmenschen durchscheinen lassen, den wilden Jäger und Krieger. Mit Samthandschuhen kannst du keine Welt erobern.

Du bist ein Triebwesen. Was du willst, nimmst du dir. Eine gewisse Brutalität erwarten die Leute von Männern. Von Alpha-Männern. Ein Alpha-Mann ist der Chef. Und du solltest lieber Chef als Sklave werden. Das ist eh klar.

Wenn ein totes Vögelchen in deinem Garten liegt, bist du derjenige, der es aufheben und in die Mülltonne schmeißen muss. Wenn dein Kind auf den Boden gekotzt hat, hast du kein Problem, den Wischlappen zu holen. Sei nicht zimperlich. Ekel dich vor nichts. Du bist das Kraftwerk, du bist der Strom, der alle Widerstände überwindet. Mit dir ist nicht zu spaßen. Dich schubst man nicht durch die Gegend. Dir sagt keiner: »Tu dies, tu das.« Deine Frau nicht, dein Chef nicht, dein Bürgermeister, Pfarrer, Papst oder sonst wer auch nicht. Du bist stark und wehrhaft. Ein Ritter der Moderne. Ein freier Mann, der tut und lässt, was er will. Das geht nur mit Disziplin und Härte. Das geht nur, wenn du weder neurotisch noch übersensibel bist. Stell dir einfach vor, du wärst ein Bauer oder ein Soldat, ein Indianer, ein Fallensteller, ein Cowboy oder ein Pirat. Als kleiner Junge spielt man solche Rollen. Als Mann sollte man die Spiele und die Idole der eigenen Kindheit immer wieder mal aufleben lassen.

REGEL 45

IN ZEITUNGEN STEHT VIEL MIST

Ich schreibe dir keinen bestimmten Beruf vor. Wenn du willst, werde Journalist. Aber schreib dann bitte nicht nur Blödsinn. In unseren Zeitungen, überhaupt in allen Zeitungen steht auch viel Quatsch. Das sollte dir klar sein. Jeden Tag müssen die Seiten gefüllt werden. Es passiert aber nicht jeden Tag etwas Interessantes. Außerdem dürfen Journalisten über viele interessante Dinge gar nicht schreiben, weil es den Werbekunden, der Regierung, der Opposition oder sonst jemandem nicht gefällt. Also füllen sie ihren Platz oft mit purem Quatsch. Dieser Zeitungsquatsch gibt sich aber nicht offen als Quatsch zu erkennen. Immer gibt man ihm einen seriösen Anstrich. Immer tut man so, als ob die Sache wirklich wichtig wäre. Du sollst gute Zeitungen lesen, gleichzeitig musst du aber immer geistige Distanz zu dem jeweiligen Blatt halten und darfst nicht alles ernst nehmen, was man dir darin vorsetzt.

Zur Zeit plappern alle über die Papstwahl. Ein Franziskus aus Argentinien hat die Wahl gewonnen. Darüber wird jetzt auf allen Kanälen geschwätzt. Und zwar immer und überall dasselbe. Dabei gibt es momentan wirklich wichtigere Themen. Der Euro steht vor dem Kollaps, in Syrien schlachtet man sich ab, Nordkorea droht den USA mit einem Atomschlag. Aber in den Zeitungen, im Radio und natürlich auch im blöden TV gibt es nur Papst, Papst, Papst. Die reinste Verblödung. Ich bin zum Beispiel evangelisch. Ich habe mit dem Papst gar nichts zu tun. In Deutschland ist nur noch eine Minderheit bekennend katholisch. Warum semmelt man uns zu mit diesem Bischof aus Rom? Weil in den Medien oft Mist erzählt wird, unwichtiger, irrelevanter Kram. Oft kann man wochenlang keine Zeitung lesen, weil der Mist darin überhandnimmt.

Journalisten und Fernsehleute, Radiofritzen und Internetmediaprofis sind in der Regel völlig durch den Wind. Sie sind nervös und schlecht gelaunt. Das liegt daran, dass sie wissen, wie viel Blödsinn sie jeden Tag verzapfen. Außerdem bekommen Medienleute sehr wenig Geld. Aber das ist nur gerecht. Denn wer dauernd Quatsch produziert, muss nicht gut bezahlt werden.

Natürlich brauchst du die Medien, um zu wissen, was gespielt wird. Aber du musst möglichst bald lernen, die Spreu vom Weizen zu trennen. Mindestens die Hälfte der Äußerungen in den Medien kannst du getrost in die Mülltonne schmeißen. Momentan sind es wegen des Papstfiebers sogar 90 Prozent.

Überleg dir gut, ob du später irgendwas mit Medien machen willst. Eigentlich rate ich dir davon ab. »Journalism is for boys«, hat der US-Politiker Henry Kissinger einmal gesagt. Journalismus ist was für kleine Jungs. Aber du willst doch hoffentlich groß und stark werden. Ein paar Jahre kannst du ja für die *FAZ* oder die *SZ* schreiben, aber auf die Dauer solltest du dir einen richtigen Beruf suchen, in dem du nicht nur völligen Blödsinn seriös verpacken musst. Auch Schriftsteller ist kein richtiger Beruf. Wenn du supererfolgreich bist, kann Schreiben ganz gut sein. Aber die normalen Autoren sind komplett arme Hunde, die bei schönstem Sonnenwetter zu Hause vor ihrem PC sitzen und tippen und tippen und tippen. Such dir lieber eine gut bezahlte Arbeit, bei der du eine schöne Sekretärin und einen guten Wagen bekommst.

REGEL 46

DU BRAUCHST BÜCHER

Bücher sind in der Regel besser als Zeitungen. Natürlich meine ich damit nur die guten Bücher. Pro Jahr kommen 80.000 Neuerscheinungen auf den deutschen Markt. Da wird nicht jedes Buch wirklich gut sein. Was ein gutes Buch ist, musst du selbst entscheiden. Lass dir die Arbeit nicht von Zeitungskritikern abnehmen. Zeitungskritiker finden oft die Bücher gut, die sie gut finden sollen. Du wirst deinen eigenen Geschmack entwickeln. Ich gebe dir trotzdem ein paar Tipps.

In der Schulzeit hat mir *Romeo und Julia auf dem Dorfe* von Gottfried Keller sehr gut gefallen. Auch die Gedichte von Arthur Rimbaud haben mich stark beeindruckt. *Die Leiden des jungen Werther* von Goethe sind auch heute noch »hammer«, wie Dieter Bohlen sagen würde, wenn er lesen könnte. *Die Grube und das Pendel* von Edgar Allan Poe ist stark. Poe ist überhaupt ein Spitzenautor. Oscar Wilde ist klasse. Sein *Dorian Gray*, aber vor allem seine Aphorismen gehören zum Besten, was mit Worten gemacht worden ist. James Joyce ist der Chef aus Dublin. Sein *Ulysses* ist gar nicht so schwer, wie man immer tut. Er ist mutig und geil. Den solltest du unbedingt lesen. *Die Buddenbrooks* von Thomas Mann sind gut, auch *Der Tod in Venedig*. Robert Musils *Mann ohne Eigenschaften* solltest du lesen, aber nimm nur Teil eins, der zweite ist noch nicht fertig und wird es auch nicht mehr. David Foster Wallace hat *Unendlicher Spaß* geschrieben und sich danach leider umgebracht. Das Buch ist hervorragend. Lies aber nicht die Fußnoten, sonst wirst du irre.

Bei den sogenannten Sachbüchern gibt es auch Blüten. Alles von Friedrich Nietzsche hat mir sehr gefallen. Heideggers *Sein und Zeit* hat mich beeindruckt, auch Schopenhauers *Die Welt als Wille und*

Vorstellung. Foucault und Deleuze solltest du lesen. Baudrillard kannst du dagegen vergessen. Mit Derrida habe ich viele Wochen verbracht, aber nichts kapiert, höchstens unbewusst. Luhmann ist okay, Sloterdijk wird stark überbewertet. Diese ganzen Fritzen sind mehr oder weniger Philosophen. Philosophie ist wichtig. Da sollte sich ein Mann ein bisschen auskennen.

Tja, ich sehe schon: Du wirst dir deine eigenen Bücher aussuchen müssen. Leselisten sind Quatsch. Für jedes Buch muss man reif sein, man braucht die richtige Stimmung und natürlich viel Zeit. Weil ich ein fauler Hund war und lange nicht arbeitete, hatte ich sehr viel Zeit zum Lesen. Ich hoffe, du hast weniger Zeit. Wenn du all die genannten Bücher überhaupt nicht liest, ist es auch egal. Du kannst auf diese Regel zurückgreifen, wenn du momentan nichts Besseres zu tun hast.

Vor vielen Jahren gab es in so einer doofen TV-Sendung namens *Big Brother* einen gewissen Zlatko. Der sagte im Interview, dass er in seinem ganzen Leben nur ein Buch gelesen hätte, nämlich sein Sparbuch. Das ist zwar witzig, aber du solltest trotzdem ein paar richtige Bücher lesen. Dann musst du später auch nicht im Idioten-TV herumkrabbeln.

REGEL 47

LIEBER KÄSEFÜSSE ALS WURSTFINGER

Du bist ein Mann. Mit großer Wahrscheinlichkeit wirst du später Käsefüße haben. Das heißt, deine Füße stinken furchterregend. Du musst das Problem lösen, sonst vernichtest du mit deinem Gestank alles Leben im Umkreis von zwei Kilometern.

Für Männer hat die Schuhindustrie Turnschuhe im Angebot, die deine Füße zu gelb-braun qualmenden Stinkkraftwerken machen. Du meinst, Turnschuhe sind etwas für kleine Jungs? Ja, eben deshalb. Männer sind mit 40 noch kleine Jungs. Deswegen rennen sie in Kleine-Jungen-Schühchen durch die Gegend. Aber auch in anderen Schuhen werden deine Füße bestialisch stinken, wenn du unter dem Käsefuß-Syndrom leidest. Auch wenn du es selbst nicht merken solltest, deine Freunde, und vor allem deine Freundinnen, werden dich schon darauf aufmerksam machen.

Stell dir vor, du machst mit deinen Bekannten eine Winterwanderung. Nein, stell dir vor, du legst in der Dorfdisco eine flotte Sohle aufs Parkett, du tanzt, bis die Socken qualmen, wippst mit den Armen, schreist »Yeah« und »Wow«, und eine geile Schnecke findet dich irre süß, und du gibst ihr eine kleine Limo aus und fragst sie, ob du bei ihr zu Hause mal ihre Brüste nach Tumoren abtasten darfst, und das Engelchen lacht, und tatsächlich trefft ihr um 2.23 Uhr in ihrer Studentenbude ein, und schon geht es ans Eingemachte. Willst du etwa mit Schuhen vögeln? Natürlich ziehst du die Latschen aus. Und zwei Minuten später fällt deine neue Freundin in Ohnmacht. Nix mit Sex. Du musst die Nacht mit ihr im Krankenhaus verbringen und ihren Eltern am nächsten Morgen verklickern, dass die Tochter im Geruchskoma liegt. Wirklich blöd.

Löse dein Käsefußproblem. Wie? Schneid dir die Flossen ab. Im Gartenschuppen liegt die Säge. Zu brachial? Okay, es gibt auch Fußdeo. Das sprühst du dir jeden Morgen auf die Quanten. Deine Achseln duftest du schließlich auch ein. Dasselbe muss ein Käsefußindianer mit seinen Füßen machen. Und häufig Socken wechseln. Und im Sommer viel barfuß gehen. Und die Füße immer wieder waschen oder waschen lassen. Dann wird es auch was mit den Mädels.

Du brauchst dich nicht zu schämen, wenn deine Füße stinken wie Scheiße. Das kommt in den besten Familien vor. Große Männer der Geschichte hatten Käsefüße: Friedrich Schiller, Kaiser Barbarossa, Heinrich V. und Dirk Bach. Woher ich das weiß, weiß ich auch nicht. Ich glaube, ich habe es mir gerade ausgedacht. Aber egal, viele Männer leiden unter diesem Problem. Daran ist nichts Besonderes. Merk dir eins auf dem Weg durch den Dschungel des Lebens. Schreib es dir hinter die Ohren. Haue es in den Granit deines Geistes: Lieber Käsefüße als Wurstfinger. Alles andere kannst du vergessen.

REGEL 48

BLEIB AKTIV, WENN DU EIN ALTER OPA BIST

Als kleiner Junge wollte ich Rentner werden: Die müssen nie arbeiten und haben immer Geld. Ich will das heute auch noch, aber ich muss noch ein paar Jährchen buckeln. Ich freue mich schon darauf, ein alter Opa zu sein. Das ist die schönste Zeit des Lebens. Alte Opas sollten aktiv bleiben. Ich gebe dir ein paar Tipps für deine Zeit als Rentner:

Versuch, deinen Mitmenschen richtig auf den Geist zu gehen. Du hast dazu jedes Recht der Welt. Du hast schließlich schon hart gearbeitet, als der amtierende Gesundheitsminister noch in die Windeln gemacht hat. Fahr auf der Straße immer sehr langsam. Im Ort empfehle ich Richtgeschwindigkeit 28. Auf der Landstraße 66. Und auf der Autobahn 82. Wenn du auf der Landstraße überholt wirst, zeigst du den jungen Lümmeln, wo Barthel den Most holt. Sobald das Baby zum Überholen ansetzt, drückst du auf das Gaspedal, was dein Holzbein hergibt. Das ist immer lustig. Als alter Opa braucht man auch ein bisschen Spaß.

Sorge in deinem Wohnviertel für Recht und Ordnung. Heute ist ja alles so wild und kunterbunt. Die haben direkt auf dich gewartet. Wenn einer falsch parkt, zu schnell oder gegen die Fahrtrichtung fährt: Zeig ihn an. Wenn du das öfter machst, brauchst du nicht mal mehr deine Daten anzugeben. Auf der Polizeistation kennt man dich dann schon. Wenn Jugendliche zu laut feiern oder die Wand mit Sprühdosen traktieren, wenn ein Hund frei herumläuft oder dein Nachbar eine Kirsche von deinem Baum klaut: Wende dich sofort ans Ordnungsamt deiner Stadt und mach Rabatz. Das ist vollkommen notwendig. Die sollen froh sein, dass sie dich haben.

Und die jungen Leute haben ja von der Liebe keine Ahnung mehr. Da musst du helfen. Versorge die jungen Mädchen deiner

Stadt mit coolen Anmachsprüchen. Zeig, dass du auch noch mit 80 ein strammer Bursche bist. Kauf dir einen Kamerahubschrauber und schau bei deinen Nachbarinnen nach dem Rechten. Du passt auf, dass dort keiner etwas stiehlt. Egal, wie schlecht das Wetter ist: Du hältst die Stellung, du bist mit dem Fernglas auf deinem Beobachtungsposten.

Schreib Leserbriefe. Diese Zeitungsfritzen erlauben sich Dinge, die du so nicht stehen lassen kannst. Da musst du intervenieren. Täglich dreimal setzt du dich an deinen alten iMac und rückst Dinge gerade, die die jungen Praktikantinnen in der Lokalzeitung nicht wissen können. Empöre dich. Geh demonstrieren. Lass dir von einem Wasserwerfer die Augen plattschießen und verlang Schmerzensgeld bis zur Schmerzgrenze der Regierung. Schreib Bücher, mal kritische Bilder, engagier dich gegen alles, was nicht stimmt. Das ist eine ganze Menge.

Rentner haben weniger Zeit als Angestellte. Denn ein alter Opa tut endlich das, was er schon lange tun wollte. Er lebt sich richtig aus. Prost. Trink ein Bier auf deine Rente. Wenn du groß im Lotto gewinnst, solltest du auf den knauserigen Staat pfeifen und sofort in dein aktives Opa-Leben starten.

REGEL 49

WERDE KEIN WARMDUSCHER

Dass du duschen musst, ist klar. Pro Woche einmal ist Pflicht. Aber, Junge, verschwende keine Energie: Duschen müssen kalt sein. Eiskalt. Nimm dir ein Beispiel an mir. Ich lege mich jeden Morgen zuerst in eine Badewanne, die mit Eiswürfeln gefüllt ist. Die Wanne steht in unserem Kühlraum im dritten Untergeschoss. Da reibe ich mich mit den Würfelchen erst mal überall sauber. Dann springe ich energetisch aufgeladen aus der Wanne und mache 34 Liegestütze. Warum 34, fragst du? Weil ich mehr nicht schaffe. Ich war schon mal bei 48, aber seit ich graue Haare habe, sind eben nur noch 34 drin. Dann dusche ich oben im zweiten Geschoss – kalt. Aber die verdammte Dusche schafft ja keine Temperatur unter vier Grad. Sie kommt mir also nach dem Eiswürfelbad warm vor. Eigentlich bin ich also auch ein Warmduscher.

Du kannst das mit dem Eiswürfelbad natürlich weglassen, solange du klein bist oder kein drittes Untergeschoss hast. Ich glaube, deine Mutter würde dir so was auch gar nicht erlauben. Stell dich einfach unter die Dusche und drehe den Hebel der Mischbatterie auf Blau. Blau heißt kalt, weil du selbst auch blau wirst, wenn du zu lange eiskalt duschst. Bevor deine Körpertemperatur unter 35 fällt, musst du die Dusche verlassen und dich gründlich abtrocknen. Haare föhnen ist komplett out. Im Winter lässt du die Flusen draußen beim Rauchen am Kopf festfrieren. Dann brauchst du kein Gel. Im Sommer trocknen sie eh von allein. Im Sommer musst du öfter kalt duschen, weil es da so sauheiß ist. Überhaupt ist die ganze Welt irgendwie zu warm geworden. Die Temperaturen sind zu hoch. Das nennt man wohl Klimawandel, aber auch die ganze Atmosphäre in den Medien und im Alltag ist viel zu warm geworden. Überall Gefühle und Sentimentalitäten, weinende

Männer, geschminkte Männer, komische Männer, warme Männer. Von den Frauen ganz zu schweigen. Die tragen ja noch mit 30 Hello-Kitty-Figuren an ihren Rucksäcken.

Kalt duschen kann helfen. Das pusht dich wieder hoch. Das Wasser muss richtig wehtun auf der Haut. Dir muss der Atem stocken. Wenn du vor Schreck aufjaulst, ist die Temperatur genau richtig. Ein Kaltduscher fühlt sich auch im Winter wohl. Die lächerlichen Minusgrade des deutschen Winters steckt der Kaltduscher im T-Shirt weg. Du wirst frisch im Kopf, dein Herzschlag beruhigt sich, kaltes klares Wasser ist die beste Medizin gegen alles und noch mehr.

Nach Kälte kann man richtig süchtig werden. Bei mir ist es schon so schlimm geworden, dass ich im Sommer Eiskaffee trinke. Im Winter esse ich in so neuartigen Lokalen sogar kalten rohen Fisch. Wenn alles überall wärmer wird, kann die Antwort darauf nur Kälte sein. Ich versuche schon seit Jahren, meine Frau davon zu überzeugen, in der Arktis Sommerurlaub zu machen. Aber das ist schweineteuer. Wir fahren deswegen doch immer wieder nach Italien. Dort ist es aber so verdammt heiß, dass ich mich oft in die Kühlräume der Restaurants verziehe. Da hängen Schweinehälften und riesige Salamis herum. Zum Glück kann ich dem Padrone die Sache immer wortreich erklären, weil ich ein halbes Jahr Italienisch an der VHS gelernt habe.

REGEL 50

SCHAU DIR VERKAUFSSENDER IM FERNSEHEN AN

Habe ich schon gesagt, dass Fernsehen blöd macht? Wie bitte? Du meinst, ich bin auch blöd, obwohl ich kaum schaue? Jetzt mal langsam. Was fällt dir ein?

Natürlich muss man ab und zu in die Röhre schauen. Wenn man am Tag vorher gesoffen hat wie ein Weltmeister und sich krank und schlaff fühlt, ist der Fernseher das richtige Schlafmittel. Aber auch am Nachmittag, wenn im Haus gerade zu viel Arbeit ansteht, die Kinder herumspringen wie angestochen, die Frau gerade den Boden wischt und die Handwerker das Klo reparieren, ziehe ich mich gern vor den Fernseher zurück. Und die schönsten Programme gibt es ganz weit hinten. Die Verkaufs- oder Shopping-Sender solltest du dir unbedingt ansehen. Dabei kannst du eine Menge lernen.

Auf Shopping-Sendern wird nämlich ganz offen gelogen. So offen siehst du das sonst nirgendwo. Besser gesagt: Woanders merkst du nicht so deutlich, dass man dich gerade anlügt. Bei Verkaufssendern arbeiten keine Profischauspieler und keine Politiker, sondern ziemlich abgefuckte Heinis, die meist nicht mal eine Sprachausbildung haben, sondern in ihren putzigen Dialekten den größten Krempel anpreisen. Jeder, der bis drei zählen kann, merkt überdeutlich, wie auf den Verkaufssendern gelogen und betrogen wird.

Gestern hat ein blondierter 50-Jähriger mit gelifteten Falten irgend so einen Vanille-Schlabber-Trank für Diäten angeboten: »Der schmeckt so hammer«, »Der ist so superlecker«, »Der schmeckt so wie Pudding, kennen Sie das, wenn Pudding, Vanillepudding, so flüssig ist? Hammer.« Dabei lacht der lustige Mann gequält in die Kamera und flirtet mit einem anderen lustigen Mann, dem er dann auch noch die »schönen Augen« zubinden darf. Es ist Klasse. Auf solchen Sendern lernst du deine Mitmenschen am besten kennen. Hier zeigt sich der Kapitalismus splitternackt. Wenn Politiker quatschen, wirst du meist auch komplett belogen. Aber Politiker sind gut bezahlte Profis. Denen merkst du das dreiste Lügen nicht an.

Es gibt auch diese Quiz-Sender, wo du gebeten wirst »sofort«, »jetzt gleich« anzurufen, weil du ein bestimmtes Rätsel lösen kannst. Entdecke drei deutsche Städtenamen in einem Buchstabengitter, solche Sachen. Die Sprecher sind meist komplett auf Koks. Jedenfalls wirken sie so. Wenn du noch mehr über deine Gesellschaft wissen willst, schaust du dir auf den Privatsendern am Nachmittag die Schreisendungen an. Geringverdiener und Arbeitslose beleidigen sich vor laufender Kamera. Dabei verletzen sie nicht nur die grammatikalische Ordnung ihrer Muttersprache, sondern auch den letzten Rest Menschenwürde, der uns in Mitteleuropa noch geblieben ist.

Fernsehen ist ein guter Reality-Check. Falls du je eine sentimentale Anwandlung haben und den Kapitalismus im Allgemeinen und Deutschland im Besonderen so richtig gut und liebenswert finden solltest, schau deutsches Fernsehen, das bringt dich wieder auf den Boden der Tatsachen zurück.

REGEL 51

SO MACHST DU EINE FRAU KLAR

Kommen wir zu den Dingen, die einen jungen Burschen wie dich wirklich interessieren. Wie geht das Schneckenchecken? Wie macht man eine Frau klar? Das ist ganz einfach.

Erstens: Du musst auf Frauen stehen. Auf Sozionesisch heißt das, du musst heterosexuell sein, und zwar komplett. Nix mit Kumpels und Männerbünden und Fußballumarmungen und Männerfreundschaften und Vereinsmeiereien und Andenpakten. Die Frauen müssen dir wirklich etwas bedeuten. Die Frau muss merken, dass du für sie erst mal alles stehen und liegen lässt. Zumindest für die notwendige halbe Stunde.

Zweitens: Du musst cool sein. Das zieht immer. Kein kindisches Gelächter. Keine Witzchen, keine Unsicherheit. Cool sein geht gut mit Bier. Natürlich darfst du dein Limit nicht überschreiten. Höchstens ein bisschen. Rotzbesoffen kommt nicht gut an. Je älter du wirst, desto weniger. Säufer bekommen zwar auch Frauen, aber bei denen hapert es meist an der Qualität.

Drittens: Du musst alpha sein. Ein Cheftyp. Das merkt man deinem Verhalten an. Du lächelst nicht viel. Du entscheidest, was getan wird. Du hast vor keinem Angst. Du wirkst souverän. Und du hast Kohle in der Tasche. Außerdem kannst du mit Bedienungen gut umgehen. Es ist für dich ganz normal, Anweisungen zu geben.

Viertens: Trag keine Idiotenkleidung. Deine Klamotten müssen zu den Damen passen, die du aufreißen willst. Mit weißem Basecap und Schlabberhosen kriegst du keine Bankangestellte, mit Krawatte und Sakko tust du dich bei Punkerinnen schwer. Wenn du nur purer Durchschnitt bist, fällst du nicht auf und kriegst gar keine Lady ab, oder nur eine, die selbst auch nicht auffällt. Aber wer will so eine?

Fünftens: Vergiss erstens bis viertens. Sei einfach nur normal. Ich habe gerade aus dem Fenster gesehen. Da lief eine Gruppe junger Männer vorbei. Du musst einfach nur versuchen, kein Vollidiot zu sein. Damit stichst du 90 Prozent deiner männlichen Konkurrenz aus.

Fazit: Frauen klarmachen, da kenne ich mich aus. Pro Woche habe ich sieben neue Freundinnen. Sagte der Angeber. Nein, mein Junge. Du weißt es ja selbst. Ich bin verheiratet. Und zwar schon ungefähr seit 400 Jahren. Ich bin treu wie Fußpilz. Nein, ich habe wirklich keine Ahnung. Es sind Vermutungen. Als ich jung war, hatte ich genug Auswahl, was die Frauen betraf. Ein guter Ehemann kann aber noch so viel Auswahl haben, er bleibt doch immer bei dem Spruch: Gegessen wird zu Hause.

Wenn du jung bist, ergibt sich das sowieso alles von selbst. Und wenn du alt bist, erledigt sich das alles von selbst. Mach deine eigenen Erfahrungen und zwing mich nicht, über Sachen zu reden, von denen ich nichts mehr wissen kann.

REGEL 52

LET'S FETZ

Rock'n'Roll will never die. Du musst immer ein bisschen über die Stränge schlagen. Das ist sehr wichtig. So erarbeitest du dir Respekt bei Männlein und Weiblein. Cheftypen kennen die Regeln und verletzen sie ein wenig. Manchmal auch etwas mehr. Hin und wieder auf ganzer Linie. Über die Stränge schlagen ist gar nicht so einfach. Als Jugendlicher und junger Erwachsener mag es dir noch leichtfallen, aber den größten Teil deines Lebens wirst du ja als älterer Erwachsener, alter Knacker und Greis verbringen. Wir werden immer älter. Unsere Lebenserwartung liegt bei etwa 80 Lenzen. Richtig geil und sorglos über die Stränge schlagen geht etwa von 16 bis 26. Das sind nur zehn Jahre. Und dann? Verbringst du den Rest deines Lebens im Korsett des Anstands und der Pflicht? Nein. Auch dann musst du ein paar Hämmer raushauen.

Ich kann dir jetzt nicht im Einzelnen erklären, was es heißt, über die Stränge zu schlagen. Ja, das mit dem Alkohol kennt jeder. Natürlich brauchst du ein paar ordentliche Räusche. Aber es ist ein weites Feld. Im Wald stehen viele Bäume. Nachts sind alle Katzen grau. Wenn du verstehst, was ich meine.

Die *Regeln* musst du kennen. Du musst wissen, was die Stränge sind, damit du darüber hinausschlagen kannst. Es muss dir klar sein, wann und wo du das Korsett des Anstands verlässt. Wenn du das nicht weißt und unbewusst über die Stränge schlägst, bist du nichts weiter als ein ungezogener Bursche ohne Kinderstube. Dann weißt du es einfach nicht besser und man bedauert dich. Richtig cool bist du erst dann, wenn du bewusst die Regeln verletzt. Immer nur ein bisschen, versteht sich.

Ja, die verbotenen Sachen, die unangebrachten Bemerkungen, die kleinen Frechheiten, die widerborstigen Witzchen versüßen uns Rock'n'Rollern das Leben. Du bist kein Hündchen, das immer brav an der Leine geht und Männchen macht. Du siehst die Welt mit wachen Augen und hast genug Fantasie, um an ihr teilzuhaben. Wer sich traut, hat mehr vom Leben. Es gibt ja diese Leute, die sich gar nichts trauen. Letztens sah ich einen Ehemann, dem anscheinend verboten worden war, mehr als eine Flasche Bier zu trinken. Seine Frau war nicht mit auf der Party. Er hob die Bierflasche immer dann, wenn ein anderer Mann auch seine Flasche hob. Der zahme Ehemann imitierte das Trinken. Er machte zahlreiche Schluckbewegungen, aber er trank nicht wirklich. Offiziell hatte er sieben Schlucke gemacht, tatsächlich war die Flasche aber noch fast so voll wie vorher. Du meinst, der Typ kann nicht richtig trinken? Nein, er *traut* es sich nicht. Sein Leben ist von Dackelgehorsam geprägt. Bestimmt massiert er seiner Frau zu Hause auch die Zehen und schläft in Embryostellung auf der Fußmatte.

Trau dich! Du musst nicht ewig gehorchen. Niemandem. Um dir das immer wieder klarzumachen, musst du hin und wieder über die Stränge schlagen. Das heißt, du musst Dinge tun, die anderen nicht gefallen, für die du von anderen zurechtgewiesen wirst. Wichtig ist, dass du offen sichtbar über die Stränge schlägst. Wenn du es heimlich tust, kriegt es keiner mit. Dann kannst du es auch gleich sein lassen.

REGEL 53

DU BRAUCHST TASCHENTÜCHER

Um sich im gnadenlosen Wettbewerb einen kleinen Vorteil zu verschaffen, ist es sinnvoll, immer eine Packung Taschentücher dabeizuhaben. Wenn du etwas älter wirst, kennst du ein paar Taschentuchanwendungsbereiche mehr als jetzt. Dass man sich damit die Nase putzen und angebatzte Hände säubern kann, weißt du heute schon. Man kann mit Taschentüchern auch vollgesaute Biertresen trocken wischen oder Kaugummis politisch korrekt entsorgen.

Aber vor allem sind die Taschentücher für deine Mitmenschen gedacht. Die Leute schleppen heute alles Mögliche mit sich herum: Telefone, mit denen man fotografieren kann, Wasserflaschen, Deoroller, Ersatzabsätze für Damenschuhe, Kondome, blaue Pillen, kleine Kognakflaschen – aber niemals Taschentücher. Und wie oft braucht man diese weißen Trostspender! Vor allem Frauen haben nie Taschentücher dabei, obwohl sie sie öfter brauchen als alle anderen Spezies des Planeten. Wenn du immer eine Packung dabeihast, werden sich für dich pro Monat sicher mindestens zehn Gelegenheiten ergeben, damit Punkte zu sammeln. Ein Taschentuch ist oft eine wirkliche Hilfe. Wenn du dann der Helfer bist, wird dir die Welt zu Füßen liegen. Jedenfalls ist es mir bis jetzt so ergangen. Ich glaube, ich bin nur deshalb auf dem Sonnendeck gelandet, weil ich immer Taschentücher dabeihatte und -habe.

Mein Vater, dein Opa, war noch besser organisiert. Der hatte sogar Pflaster dabei. Dadurch hat er meine Mutter, deine Oma, erobert. Er kannte sie noch nicht richtig, als ihr in den wilden 60ern eine andere Frau ihren Pfennigabsatz in den Fuß bohrte. Mein Vater packte ein Pflaster aus. Das hat meine Mutter überzeugt. Von da an waren sie ein Paar. Irgendwann haben sie mich gemacht, und ich habe dann dich gemacht. Du verdankst dein Leben also auch der Tatsache, dass dein Opa im richtigen Moment richtig ausgerüstet war.

Pflaster braucht man heute nur noch selten. Die Zeiten sind ja so zivilisiert geworden. Blut fließt zumindest in unseren Breiten fast nur noch im Fernsehen. Heute sind es Flecken: Fettflecken, Ölflecken, Eisflecken, Flecken des Überflusses, die uns das Leben schwer machen. Heute ist ein Taschentuch angesagt. Wenn du groß bist, kann natürlich etwas anderes angesagt sein. Vielleicht hat sich das mit dem Überfluss dann erledigt. Gestern hat die fantastische EU beschlossen, die Bevölkerung Zyperns teilzuenteignen. Das heißt, man nimmt den Leuten Geld weg, um den Euro zu erhalten. Es kann leicht sein, dass du später immer einen Kanten Brot mit dabeihaben solltest. Das wirst du dann selbst merken. Irgendwas ist immer angesagt. Deine Aufgabe ist es, zu checken, was du dabei haben musst.

Vielleicht wirst du auch einen Geigerzähler brauchen, um die Atomstrahlung zu messen, oder ein DNA-Analyse-Set, um zu wissen, ob das Rinderhackfleisch nicht auch Pferd oder Hund enthält. Jede Zeit hat ihre besonderen Macken. Jede Zeit erfordert eine besondere Ausrüstung.

REGEL 54

STEH ZU DEINEM WORT

»Ein Mann, ein Wort.« Es gab eine Zeit, da hörte man diesen Spruch oft. In den letzten 20 Jahren habe ich ihn überhaupt nicht gehört. Heute ist dieser Spruch bestimmt rückwärtsgewandt, sexistisch, reaktionär und extremistisch. Deswegen setze ich ihn zur Sicherheit lieber in Anführungszeichen. Er hat aber einen gewissen wahren Kern, der uns auch heute noch etwas mitteilen kann.

Nehmen wir einmal an, du heiratest. Du gibst einem hübschen Mädchen das Eheversprechen. Du erklärst mit deinem Ja offiziell, dass du mit dieser Frau alt werden willst, dass du sie gut behandeln willst, dass du sie nicht verlassen, schlagen, betrügen oder ausbeuten willst, dass du sie pflegst, wenn sie alt und krank wird, dass du ihr zuliebe auf Sex and Drugs and Rock'n'Roll verzichtest. Stell dir vor, sieben Monate ziehen ins Land, ihr streitet euch über die Anschaffung eines Ikea-Billy-Regals, der Streit hört nicht auf, weil keiner nachgibt, du verlässt sie, ihr lasst euch scheiden. Ist das okay? Unsere Zeit findet das okay. Unsere Zeit findet es gut, wenn ein Mann sein Wort bricht. Pfeif auf unsere Zeit. Pfeif auf deine Zeit. Wer weiß, was man noch alles gut findet, wenn du groß bist. Ein Mann sollte zu seinem Wort stehen. Zumindest sollte er es versuchen.

Stell dir vor, du bist arbeitslos. Seit fast einem Jahr hast du kein Geld verdient. Du bist depressiv geworden und denkst schon über Selbstmord nach. Eines Morgens liest du eine Anzeige im örtlichen Käseblatt. Es werden Möbelpacker gesucht. Du rufst an. Der Chef sagt, du sollst morgen um halb acht vor seiner Tür stehen. Du bedankst dich für die Chance und sicherst dein Kommen zu. Am nächsten Morgen klingelt dein Wecker um halb sieben. Du bist müde, weil du das frühe Aufstehen nicht mehr gewohnt bist. Du denkst dir »Ach, leck mich«, machst den Wecker aus und ratzt noch drei Stunden weiter. Ist das in Ordnung? Um fünf nach halb acht versucht dein neuer Möbelpackerchef, dich auf dem Handy zu erreichen, aber da geht nur deine Mailbox ran. Ein Festnetztelefon hast du nicht. Dein Möbelpackerchef hatte sich fest auf dich verlassen. Weil du nicht kommst, muss er nun einen großen Umzug mit nur drei statt vier Mann erledigen. Er hätte dich wirklich gebraucht, aber du schläfst lieber. Im Lastwagen sagt dein Ex-Möbelpackerchef zu seinen Leuten: »Von 100 Typen kannst du 99 vergessen.« Dann vergisst er dich. Du bleibst arbeitslos.

Man redet viel, wenn der Tag lang ist. Man verliert über alles Mögliche tausend Worte. Das heißt, man kann unmöglich zu jedem einzelnen Wort stehen. Es gibt aber hin und wieder Worte, zu denen man unbedingt und absolut stehen muss. Welche Worte das sind, musst du selbst erkennen. Du musst Wichtiges von Unwichtigem unterscheiden können. Das ist überlebenswichtig. Du brauchst im Kopf eine Instanz, die nur bewertet. Ihre einzige Aufgabe ist die Entscheidung zwischen »wichtig« und »unwichtig«. So eine Instanz kann ich dir nicht per Regel verordnen. Man hat sie oder man hat sie nicht. Sie wächst aber, wenn du dich dazu zwingst, Versprechen, die du gegeben hast, auch wirklich einzuhalten.

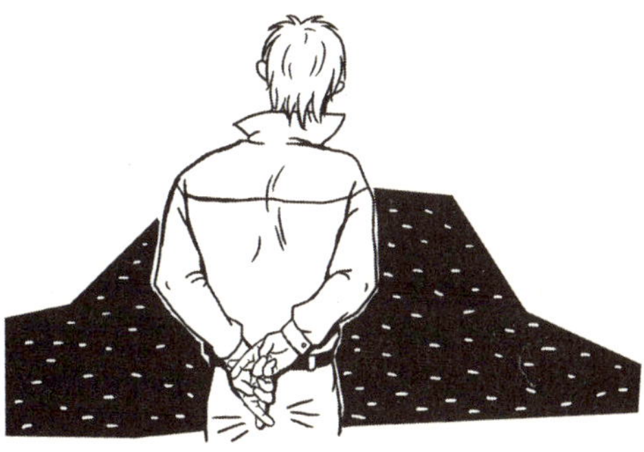

REGEL 55

VERTRAUE DEINEN MITMENSCHEN

Deutschland hat etwa 80 Millionen Einwohner. Das ist eine ganze Menge. Wenn irgendwo in Deutschland ein brutaler Mord geschieht, wird das von den immer schnelleren Medien in jedes Wohnzimmer transportiert. Die Folge ist, dass sich viele Menschen vor ihren Mitmenschen fürchten. Du solltest diesen Denkfehler nicht machen. Nicht alle Männer, die nachts allein durch die Stadt laufen, sind Kindesentführer, nicht alle muskelbepackten Glatzköpfe sind Schläger, und nicht jeder moslemische Bartträger ist ein Attentäter. Genau genommen ist nur ein verschwindend geringer Prozentsatz der Menschen wirklich gefährlich. Du kannst Pech haben und an so einen Irren geraten, aber die Wahrscheinlichkeit ist sehr gering. Vertraue daher deinen Mitmenschen, es gibt keinen Grund, sich zu ängstigen.

Mit zunehmendem Alter wird man leider immer ängstlicher. Das kann ich aus eigener Erfahrung bestätigen. In Deutschland wird in ein paar Jahrzehnten jeder dritte Staatsbürger über 65 Jahre alt sein. Eine unglaubliche Zahl. Für das Angstempfinden der Deutschen bedeutet das nichts Gutes. Denn man muss davon ausgehen, dass ältere Bevölkerungen insgesamt ängstlicher sind. Vielleicht ist die Angst der Älteren dadurch zu erklären, dass ein älterer Mensch sich nicht mehr so gut verteidigen kann. Er kann im Notfall nicht mehr schnell weglaufen oder hart zuschlagen. Vielleicht vertrauen jüngere Menschen nur deshalb ihren Mitmenschen, weil sie auf ihre eigene Kraft vertrauen. Welchen Rat soll ich dir also geben? Bleib jung? Werde nicht alt? Schön wär's. Leider kannst du nicht ewig jung bleiben. Auch du wirst eines Tages deine Kraft und deine Schnelligkeit verlieren. Auch du wirst irgendwann Angst davor haben, bei Dunkelheit durch eine enge Gasse zu gehen.

Trotzdem solltest du dein Vertrauen nicht verlieren. Die allermeisten Menschen sind nicht kriminell. Der Prozentsatz kann sich natürlich mit der Wirtschaftslage eines Landes ändern. Wenn sie bei uns auch anfangen werden, die kleinen Sparer zu enteignen, könnte es ziemlich unruhig werden. Aber dann werden die Menschen nicht aus purer Bosheit stehlen, sondern aus Not, und das ist etwas anderes.

Grundsätzlich solltest du den Menschen vertrauensvoll begegnen. Auch in der schlimmsten Lage wird die Mehrheit der Bevölkerung aus wohlgesinnten, friedlichen Menschen bestehen. Wenn du anfängst, allen zu misstrauen, wirst du unglücklich und krank. Wenn du dich nicht mehr vor die Haustür traust, bist du ein Gefangener deiner Ängste. Zur Not musst du dich zum Vertrauen zwingen. Sprich mit Leuten, vor denen du Angst hast. Du wirst schnell merken, dass sie harmlos sind. Die wirklich schlimmen Finger erkennt man nicht auf den ersten Blick. Echte Kriminelle, Mörder, Attentäter oder Amokläufer sind vor ihrer Gewalttat oft völlig unauffällig, freundlich und zuvorkommend.

Allerdings gibt es bestimmte Typen, denen man auch auf den ersten Blick ansieht, dass es besser ist, ihnen nicht auf den Schlappen zu treten. Eine gewisse Vorsicht solltest du nie ablegen. Aber komplettes Misstrauen ist unangebracht.

REGEL 56

WERDE KEIN ARROGANTER SACK

Im Lauf der Emanzipation sind wir schon so weit gekommen, dass es mittlerweile auch arrogante Frauen gibt. Aber der Löwenanteil der arroganten Säcke ist nach wie vor männlich. Bei manchen Männern weiß man gar nicht, warum sie arrogant sind, worauf sie sich eigentlich etwas einbilden. Aber das tut nichts zur Sache. Der arrogante Sack blickt auf dich herab. Entweder, weil er dich für ärmer hält oder für reicher, für dümmer oder klüger, ausländischer oder religiös benachteiligter. Er kann dich verachten, weil du kleiner bist als er oder größer, schöner oder hässlicher, weil du Frauen oder Männer liebst, eine rote, graue, blaue oder grüne Hose trägst, weil du lange oder kurze Haare hast, kurz: weil du anders bist als er, er sich aber für das Maß aller Dinge hält.

Arrogante Säcke verachten andere Menschen und halten sich selbst für die Größten. Natürlich sind sie in jedem Fall falsch gewickelt. Denn kein Mensch ist der Größte. Egal wie reich, stark oder mächtig er ist. Er geht auch aufs Klo, er muss auch kotzen und irgendwann muss auch er den Löffel abgeben. Du solltest also nicht den Fehler machen, arrogant zu sein. Auch wenn du ein Harvard-Professor, ein Zahnarzt oder der Vorsitzende des Trachtenvereins deines Ortes wirst: Bleib ein guter Junge und sieh nicht arrogant auf andere Menschen herab.

Arroganz ist Männersache. Männer schätzen andere Männer immer sofort ein: Feind oder Freund, stärker oder schwächer, reicher oder ärmer, wichtiger oder unwichtiger. Männer haben das Prinzip des Schwanzvergleichs internalisiert. Sie sind Abschätzungsmaschinen. Das ist nicht weiter schlimm. Bei einem arroganten Mann ist die Abschätzungsmaschine aber kaputtgegangen. Er hält sich immer für überlegen. Jedem. In allen Belangen. Das muss ja falsch sein. Auch wenn du ein irre reicher Knüpfel wirst, kannst du täglich auf Männer treffen, die es Frauen besser besorgen können als du. Oder dir begegnen Jungs, die schneller laufen, besser malen, besser hämmern, besser lügen können als du. Menschen, also auch Männer, haben verschiedene Talente. Es gibt überhaupt keinen Grund, sich für den Besten auf allen Ebenen zu halten. Wenn du diesen Zug an dir bemerkst, musst du dagegen ankämpfen und diese Regel so oft lesen, bis du sie kapiert hast.

Du bist nicht überall der Beste, weil *niemand* überall der Beste sein kann. Es gibt den Besten nur in Einzeldisziplinen: Irgendwo auf der Welt lebt momentan der älteste Mann des Planeten, woanders rennt der Mann mit dem längsten Penis aller lebenden Männer herum, es gibt den reichsten Mann, den schnellsten Mann, den größten Mann (Körpergröße) und vielleicht sogar den klügsten Mann, aber all diese Männer haben auch Schwächen. Keiner von uns ist der Beste in allen Belangen. Diesen Supermann gibt es nur im Kino. Und ist dir schon mal aufgefallen, dass Kinosupermänner nie arrogant sind? Also selbst wenn du die große Ausnahme werden solltest und in allen Disziplinen der Beste würdest (was unmöglich ist): Wenn du deswegen zum arroganten Sack mutierst, hast du alle deine Vorteile gleich wieder verloren, denn irgendwo auf der Welt wird es einen Mann geben, der bescheidener ist als du. In dieser Disziplin ist er dann besser als du und schon bist du nicht mehr überall der Beste.

REGEL 57

WOHIN MIT DER KRAFT?

Als kleiner Junge will man unbedingt groß und stark werden. Aber wenn man dann wirklich groß und stark geworden ist, ist das Leben gar nicht so einfach. Viele Männer sind sehr stark, aber ihre Kraft wird nirgends gebraucht. Da gibt es die quälende Arbeitslosenstatistik. Es gibt Millionen Männer in Europa, die dazu gezwungen sind, ohne Arbeitseinkommen zu leben. Dann gibt es noch mehr Männer, die an ihren Arbeitsplätzen völlig unterfordert sind. Entweder sie drehen jahrelang immer dieselben Schrauben in denselben Kasten oder sie sitzen nur am PC und klicken mit einem Finger auf der Maus herum. Für einen starken Mann ist das schrecklich. Er will sich bewegen, er will seine ganze Kraft spüren und anwenden, und stattdessen sitzt er im Büro und klickt. Oder er sitzt im Auto und drückt mit dem rechten Fuß ganz leicht aufs Gaspedal.

Kräftige Männer, lächelnd in Empfangshallen, auf den Minitasten ihrer Smartphones herumtippend, mit Headsets zum Telefonieren, gezwungen, freundlich und zart und diszipliniert zu sein, dabei würden sie viel lieber einen Elch jagen. Es ist geradezu tragisch.

Wenn du viel Kraft hast, hast du es wirklich schwer. Am besten, du wirst gar nicht erst groß und stark, sondern bleibst klein und schwach. Die ganze Kraft muss irgendwohin. Wenn Männer zu kräftig sind, werden sie cholerisch, brüllen wild durch die Gegend. Das geht natürlich nicht. Da ist man schnell im Knast. Oder Männer beruhigen und schwächen sich mit Drogen. Damit sie nicht mehr vor Kraft überquellen, rauchen und trinken sie, nehmen Koks oder verblöden sich mit Joints. Das macht sie schwächer und dadurch gesellschaftskompatibler. Es gibt auch Männer, die ihre überschüssige Kraft in Sport und Bewegung umsetzen. Die laufen dann 50 Marathons oder klettern dreimal im Monat auf den Watzmann.

Immer wieder gibt es auch Männer, die ihre Kraft in kriminelles Handeln fließen lassen. Sie werden zu Schlägern und Gewalttätern. Manche gründen Parteien, andere werden passionierte Minigolfer oder Hochseefischer. Wohin mit der Kraft? Diese Frage ist für viele Männer nicht leicht zu beantworten.

Du kannst glücklich sein, wenn du einen körperlich harten Job ergattern kannst. Dann wirst du jeden Abend erschöpft nach Hause kommen. Es gibt nichts Schöneres, als so richtig k. o. den Feierabend zu genießen. Aber in unserer zuckerigen Hochzivilisation gibt es immer weniger wirklich anstrengende Jobs. Für uns Männer ist das eine bedauernswerte Entwicklung. In der heutigen Berufswelt ist rohe männliche Körperkraft fast gar nicht mehr gefragt. Wichtig sind heute eher weibliche Qualitäten wie Diplomatie und soziale Kompetenz. Es ist daher kein Wunder, dass die heutigen Männer etwas weiblicher wirken als ihre männlichen Vorfahren. Vermutlich wird sich an der Tendenz nichts ändern. Wenn du groß bist, musst du bestimmt im Sitzen dein Geld verdienen. Vielleicht musst du gar keinen Finger mehr rühren, sondern alle Befehle nur noch per Stimme geben. Ein Computer wird dein Timbre messen. Sobald sich darin unfreundlich klingende Merkmale finden, bekommst du einen Rüffel von deiner Chefin. Nach drei Ermahnungen musst du zum Anti-Aggressions-Training. Wenn das die schöne neue Arbeitswelt wird, ist es völlig okay, wenn du deine Jugend nicht auf dem Fußballplatz, sondern vor der Spielkonsole verbringst.

REGEL 58

AUCH TECHNIK-FREAKS SIND FREAKS

Wir leben im Zeitalter der Digitalen Revolution. Der Computer ist das Maß aller Dinge. Jede noch so kleine Metzgerei braucht einen Internetauftritt, jeder Zehnjährige erzählt auf Facebook von den sexuellen Eskapaden seines Vaters. Computer beherrschen die Welt. Deswegen sind Männer, die sich mit Computern wahnsinnig gut auskennen, die Helden der Epoche. Früher nannte man sie abfällig Stubenhocker, dann bezeichnete man sie etwas weniger abfällig als Technik-Freaks, heute nennt man sie mit Hochachtung Nerds und wenn du groß bist, wird man sie vielleicht gar nicht mehr irgendwie nennen, sondern nur noch anbeten. Für mich sind es immer noch Technik-Freaks, weil ich mit dem Wort »Nerd« nichts anfangen kann. Keine Ahnung, was dieses Wort bedeuten soll, oder wo es sich herleitet. Ich könnte natürlich auf Google und Wikipedia nachschauen, aber es gibt schon genug Bücher, die auf Wikipedia-Wissen beruhen. Schau doch einfach selbst nach.

Technik-Freaks sind ja nicht nur Computerleute, sondern überhaupt Leute, meistens Männer, die sich für Technik begeistern. Für Autos, Waffensysteme, Grilltechniken, Raumfahrt, Radios, fernsteuerbare Hubschrauber, Miniatureisenbahnen … Technik ist überall und allgegenwärtig. Männer, die sich für Technik begeistern, können aus dem Vollen schöpfen. Außerdem sind sie beruflich meist erfolgreich, weil Technikbegeisterte gebraucht werden. Wenn du also einen Hang zur Technik hast, möchte ich dich beglückwünschen. Von mir hast du das nicht. Ich bin leider technisch völlig unbegabt und muss meine paar Kröten deswegen mit dem Schreiben von Büchern verdienen. Viel lieber würde ich einen Knopf bauen, mit dem man das Internet der ganzen Welt nach Belieben an- und ausschalten kann. Wahrscheinlich ist es besser, dass ich ein Technik-Trottel geworden bin. Böse Kritiker können jetzt schreiben: Auch ein Technik-Trottel ist ein Trottel. Doch das nur nebenbei.

Wenn dein Leben aus Nullen und Einsen bestehen soll, aus kleinen Leuchtdioden, blinkenden Lämpchen und buntem Kabelsalat, wenn du mit deinen Freunden über PS-Zahlen, Hubräume und elektrische Schaltpläne diskutieren willst, musst du aufpassen, dass du die technische Konstruktion des BHs deiner Freundin nicht besser kennst als ihre Augenfarbe. Auch ein Technik-Freak ist ein Freak. Du darfst kein Fachidiot werden. Es ist gut, wenn du dich auf einem bestimmten Gebiet hervorragend auskennst. Das musst du sogar unbedingt, wenn du später viel Geld verdienen willst. Aber vergiss darüber nicht das richtige Leben. Werde nicht zum freakigen Außenseiter, der in einem scheißkalten Frühling wie diesem nicht auf die Sonne wartet, sondern auf einen »selbstleuchtenden Zentralkörper eines Sonnensystems, dem die Erde angehört, der für Licht und Wärme auf diesem Planeten grundlegende Voraussetzung ist« (Karl-Dieter Bünting: Deutsches Wörterbuch, Chur, 1996).

Technik ist ein Mittel zum Zweck. Technik-Freaks kennen den Zweck nicht mehr. Deswegen sollst du keiner werden.

REGEL 59

WIE MAN RADIO HÖRT

Was für ein Glück, dass es Radios gibt. Das schont die Augen. Fernsehen, Internet und Zeitung, Buch, DVD oder Zeitschrift musst du vor allem mit den Augen dechiffrieren. Überall Bilder. Das Radio ist reiner Ton ohne visuellen Reiz. Das ist ein riesiger Vorteil.

Natürlich gibt es auch im Radio völlig bescheuerte Momente. Vor allem die Radiowerbung ist absolut beknackt. Aber auch die lustigen Kabaretteinlagen auf den Spaßsendern oder das betroffene Gelaber der Adventszeit. Na ja, ich möchte jetzt nicht irgendwelche Sender anschwärzen. Jeder einzelne Radiosender hat seine guten, aber auch seine grottenschlechten Momente. Deswegen will ich dir in dieser Regel erklären, wie man richtig Radio hört. Das ist ganz einfach.

Das Prinzip heißt: Umschalten. Du kennst dieses Prinzip vom Fernsehen. Dort nennt man es Zapping. Wenn im TV die Sendung, die du sehen willst, durch Werbung unterbrochen wird, schaltest du sofort auf einen anderen Sender, zumindest wenn die Werbung nicht gut ist. Leider ist die Werbung heute nur noch selten gut. Als ich jung war, gab es tolle Werbespots. Heute verkauft man die Leute für blöd. Aber egal. Im TV wird herumgezappt. Irgendwo läuft schon etwas Interessantes. Genau so musst du es beim Radio machen.

Wahrscheinlich gibt es auch längst Fernbedienungen für Radiosender. Ich habe keine. Aber ich stehe aus beruflichen Gründen meistens sowieso direkt vor meinem Radiogerät, wenn ich Radio höre. Daher fällt es mir nicht schwer, in einer halben Stunde viermal den Sender zu wechseln. Wenn auf Deutschlandfunk über Hodenkrebs und Herzinfarkt geredet wird, zappe ich auf Bayern 3 und höre mir dort drei Lieder an. Wenn dann der Bayern 3-Moderator »Bayerns beste Musik«, »Bayerns besten Verkehrssender« oder »Bayerns bestes Wetter« ankündigt, denke ich mir, dass unsere

Medienschaffenden völlig verblödet sind, und zappe auf FM4. Das ist ein österreichischer Sender, auf dem viel Englisch gesprochen wird. Dort spielt man Independent-Musik. Die ist oft ganz gut. Leider wird dort in letzter Zeit viel Männermusik mit Kopfstimme gebracht. Eunuchenmusik kann ich nicht hören. Dazu bin ich zu ungegendert. Also zappe ich sofort wieder zurück auf DLF. Wenn dort immer noch über Lungentumore gequatscht wird, schalte ich das Radio aus, weil dann der Geschirrspüler ausgeräumt ist und ich eh wieder hoch an den PC muss.

Radiohören kann großen Spaß machen, wenn man zappt. Wenn man nicht zappt, ist Radio unerträglich. Das ist beim Fernsehen genauso.

REGEL 60

SO FUNKTIONIERT INNERE DEMOKRATIE

Die Demokratie ist die beste Staatsform. Das haben viele Völker in langen blutigen Kriegen und fürchterlichen wirtschaftlichen Zusammenbrüchen herausfinden können. Also solltest du das demokratische Prinzip auch persönlich anwenden. Ich nenne das die innere Demokratie. Und was das heißt, erkläre ich in dieser Regel.

Der Mensch hat viele Triebe. Er will Sex, Nahrung, Trinken, Feiern, Schlafen, Arbeiten, Denken, Bewegung und noch viel mehr. In der inneren Diktatur beherrscht ein einziger Trieb oder Wunsch den kompletten Menschen. Der Sexsüchtige ordnet sein ganzes Leben dem Sex unter. Das macht ihn zum Verrückten. Irgendwann wird er krank oder von einem gehörnten Ehemann erschlagen. Der innere Demokrat folgt ebenfalls seinem Sexualtrieb, aber er lässt auch seine anderen Bedürfnisse an der Macht teilhaben. Er erfüllt sich auch die Sehnsucht nach einer gut bezahlten Arbeit, er genießt den Wein, den Gesang, vielleicht den Rauch einer guten Zigarre. Der innere Demokrat ist vielseitig. Keiner seiner Triebe erreicht diktatorische Macht. Er wird niemals zum Fanatiker. Niemals lässt er es zu, dass ein Einzelaspekt sein ganzes Leben unterjocht. Weder die Gesundheit, noch den Sport, nicht den Fußball, auch nicht die Arbeit lässt er zum Alleinherrscher aufsteigen. Immer wieder gibt es innere Volkserhebungen, die den bestimmenden Aspekt vom Thron stürzen und durch einen neuen Bestimmer ersetzen. In der reifen inneren Demokratie geschieht das durch gesittete Wahlen. In der Jugend und Pubertät prägen oft Revolutionen das innere Geschehen. Da kann es sein, dass du heute noch begeisterter Fußballfan bist und morgen ein besessener Liebhaber der französischen Philosophie.

Menschen, die ihren Idealen treu bleiben, sind meistens keine inneren Demokraten. Wer mit 60 dasselbe denkt wie mit 16, hat sich nicht weiterentwickelt und ist eigentlich zu bedauern. Es gibt diese Typen, die ihr Leben lang dieselbe Partei wählen, denselben Fußballclub vergöttern, denselben Weg zur Arbeit gehen, dieselbe Frisur durch die Straßen tragen. Der innere Demokrat ist eine Art Wendehals. Er ist in der Lage umzudenken, sich wirklich zu verändern. Er ist heute so und morgen so. Man schätzt ihn daher nicht besonders. Aber er lebt das demokratische Prinzip, und wenn man ihn nicht schätzt, hat man die Demokratie noch nicht richtig verinnerlicht. Es gibt auch bei uns immer noch viele Leute, die mit der Demokratie nicht viel anfangen können. Zu denen solltest du nicht gehören.

Es ist besser, die Herrschaft hin und wieder zu wechseln. Das ist in der Politik sehr gut. Und es ist auch im persönlichen Leben jedes Einzelnen sehr gut. Die Natur ist vom Prinzip des Wechsels und Wandels geprägt: Tag und Nacht, Sommer und Winter, Ebbe und Flut, Leben und Sterben. Warum solltest du nicht auch ab und zu deine Meinung ändern. Im Schaufenster einer Würzburger Buchhandlung war in den 90ern ein schöner Spruch zu lesen: »Der Kopf ist rund, damit das Denken die Richtung wechseln kann.«

REGEL 61

HÖR NICHT IMMER AUF DEINE FRAU

Auch wenn sie oft den Eindruck erwecken und sich noch öfter selbst dafür halten: Frauen sind nicht unfehlbar. Auch deine Frau nicht. Du solltest also nicht immer und unbedingt auf sie hören, sondern ihre vielen Vorschläge immer durch den Filter deiner Vernunft laufen lassen. Dabei wirst du feststellen, dass deine Frau sehr oft recht hat. Warum das so ist, weiß der Geier. Frauen checken manche Sachen einfach besser als karrierebesessene Männer. Vielleicht haben sie wirklich ein anderes Hirn als wir oder sie nehmen bestimmte Dinge wahr, die wir völlig ignorieren, obwohl sie wichtig für uns sind.

Hinter einem starken Mann steht meist eine noch stärkere Frau. Daran ist nichts verkehrt. Schau dir den US-Präsidenten Barack Obama an. Ein guter Junge, blitzgescheit und souverän, aber ohne seine Frau Michelle hätte er es nicht mal in den Senat geschafft. Beweisen kann man das natürlich nicht, aber spüren kann man es. Vielleicht gilt im Rahmen der Emanzipation auch die umgekehrte Variante. Angela Merkel, die deutsche Bundeskanzlerin, ist zweifellos eine sehr starke Frau. Aber wer weiß, wo sie ohne ihren Mann Joachim Sauer versauert wäre. Denn der macht auch einen sehr starken und intelligenten Eindruck. Du meinst, das sind alles nur vage Vermutungen? Was? Du gähnst sogar? Gut, dann gebe ich dir mal griffige Beispiele.

Du bist 60 und hast keinen Bock mehr zu arbeiten. Dein Haus könntest du für 450.000 Euro verkaufen. Was machst du? Logisch, du verkaufst die Bude und machst dir einen schönen Lebensnachmittag in der Gaststätte. Nicht so, wenn du verheiratet bist, denn deine Frau will das Haus nicht verkaufen. Sie will, dass du so lange arbeitest, bis du endlich draufgehst, und dann macht sie sich mit dem Geld aus dem Hausverkauf einen schönen Lebensnachmittag im Café. Klingt kompliziert? Das kann man wohl sagen. Frauen haben Interessen. Männer haben Interessen. Meistens sind diese Interessen nicht identisch. Dann gibt es Streit. Du beendest den Streit, wenn du auf deine Frau hörst und dich ihren Interessen beugst. Aber das solltest du nicht immer tun. Irgendwann ist es Zeit für ein sauber verpacktes ordentliches »NEIN!«.

Pass aber auf, dass du nicht zu früh Nein sagst: Stell dir vor, deine Freundin will mit dir in den Urlaub nach Kroatien. Aber du bist der Sohn eines Bauern und hast Bauernansichten. Du sagst: »Für das Geld, das so ein Urlaub kosten würde, kann ich mir auch etwas kaufen, an dem ich länger Freude habe.« Deine Freundin fragt dich, was das sein könnte. Du sagst: »Eine gute Kettensäge, ein Auspuff für den Traktor, irgendetwas Technisches.« Vier Monate später macht diese Freundin mit dir Schluss. Dein Nein kam zu früh. Du musst nun allein mit deinem blauen Traktor durchs Leben tuckern.

Deine Frau ist fehlbar wie jede Frau. Aber kennst du den Spruch: »Our country, right or wrong!«? Die Amerikaner unterstützen ihr Land, auch wenn es Fehler macht. So ähnlich ist das bei Männern mit ihren Frauen. »Ob richtig oder falsch. Meine Frau will das so.« Nach diesem Motto funktionieren Ehe, Beziehung, Lebenspartnerschaft und der ganze Rest. Aber nicht immer. Freu dich darauf: Irgendwann, eher später als früher, wirst auch du einmal sagen: »Nein, das machen wir anders.«

REGEL 62

WERDE ERFINDER

Wenn dich dein Job als Bundeskanzler, Verfassungsrichter oder Papst langweilt, mach etwas Sinnvolles und werde Erfinder. Viele glauben, die Zeit der großen Erfindungen sei das 19. Jahrhundert gewesen und heute gäbe es schon alles, was man braucht. Nichts ist falscher. Natürlich haben wir noch längst nicht alles. Wenn die Menschen in 500 Jahren auf uns zurückschauen, werden sie sich kaputtlachen über so viel Steinzeitdünkel. Wir werden ihnen vorkommen wie die größten Idioten. Sie werden auf uns genauso verächtlich schauen wie wir heute auf die Menschen des 16. Jahrhunderts.

Es gibt also noch viel zu tun und vor allem viel zu erfinden. Wie wäre es mit einer original Lügennase, wie man sie von Pinocchio kennt? Ärzte, Politiker, Journalisten bekommen eine lange Nase, wenn sie Lügen erzählen. Je dreister die Lüge ausfällt, desto länger wird die Nase. Das wäre ein Riesenspaß. Die Talkshows würden wieder an Format gewinnen. Die Wähler, Patienten und Leser wären besser informiert.

Erfinde ein besseres bayerisches Schulsystem. Ein System, das Kinder noch Kinder sein lässt und sie nicht im Alter von acht Jahren unter so großen Leistungsdruck setzt, dass sie bei einem Dreier zu weinen anfangen und mit Bauchweh vor der Mathearbeit zittern.

Erfinde eine Lösung für die Euro-Krise. Die wird es bestimmt noch geben, wenn du groß bist. Erfinde ein Mittel, das die Reichen dazu bringt, ihre Steuern zu bezahlen, das die Politiker mit Rückgrat und Vernunft ausstattet und die kleinen Leute mit Ehrlichkeit und Fleiß.

Löse das Umweltproblem. Erfinde eine Maschine, die aus CO_2-Abgasen wunderbaren Sauerstoff macht und aus Industrielobbyisten Umweltschützer. Schaffe den Hunger in der Welt ab.

Mach aus steinzeitmäßigen Egoisten Menschen mit Herz und Verstand. Lass Afrika zu einem globalen Solaranbieter werden, verwandle korrupte Menschen in ehrliche Menschen.

Erfinde neues Essen. Mach Pflanzennahrung so schmackhaft und gesund, dass kein Mensch mehr Tiere essen will.

Erfinde Waffen, die sich sofort selbst zerstören, lass aus wilden Taliban-Kämpfern Hobby-Minigolfer werden und aus wütenden Massen tanzwütige Massen.

Erfinde das deutsche Fernsehen neu. Sorge dafür, dass die Serien besser werden, die Talkshows ehrlicher und die Spaßsendungen lustiger.

Erfinde einen Knopf, mit dem du die Sonne anschalten und die Wolken wegschieben kannst. Mach endlich gutes Wetter in Deutschland und verwandle hässliche, alte und kranke Frauen in attraktive, kerngesunde Beauty-Queens.

REGEL 63

GESICHTSBEHAARUNG

Männer haben das Pech oder das Glück der Gesichtsbehaarung. Ihnen wachsen kleine dicke Härchen um den Mund herum. Einige Männer haben starken Bartwuchs. Denen wächst nach drei Tagen alles zu. Andere sehen mit einem Zehntagebart aus, als hätten sie sich am Morgen nicht rasiert. Der Bart ist für Männer das, was die Kopfhaare für die Frauen sind. Hier werden auch Männer eitel und eigen. Ihren Bart pflegen und verändern Männer mit großer Energie. Über die Form, das Wie und Ob des Bartes denken sogar Männer, die sonst gar nicht denken, sehr viel nach. Dementsprechend vielfältig sind die Haarwuchsstrukturen, die man in Männergesichtern beobachten kann oder muss.

Der Klassiker, den sich heute aber nur noch wenige Männer zutrauen, ist der wilde Vollbart. Den kannst du dir ganz einfach wachsen lassen. Du darfst dich zwei Jahre überhaupt nicht rasieren, dann siehst du aus wie der Weihnachtsmann und kannst wunderbar Lederhosen und Hüte mit Gamsbart tragen, auch wenn es mit dem Dialekt noch nicht so hinhaut.

Die Variante für Lehrer und Physikprofessoren ist der gepflegte Vollbart. Es ist mir ein Rätsel, wie man den hinbekommt. Anscheinend gibt es extra Geräte für die Pflege eines Vollbartes. Vermutlich schnippelt man täglich an den Haarspitzen herum, reibt sich mit Schmiere ein oder singt dem Bart ein Lied vor. Ich habe mit dieser Variante keinerlei Erfahrung. Überhaupt kann ich zum Thema Bartpflege nichts Fundiertes sagen, weil ich mich selbst immer glatt rasiere.

Dann gibt es natürlich noch den Dreitagebart. Den kenne ich gut. Ich kenne sogar den Fünfzehntagebart. Das sieht irgendwie männlich und unangepasst aus, ist aber momentan nicht mehr zu empfehlen, weil alle Männer, die etwas auf sich halten, Stoppeln im Gesicht tragen. Heute ist ein Mann unangepasst, wenn er sich rasiert. Die Männer werden immer weiblicher. Wahrscheinlich wollen sie mit den paar Stoppeln zeigen, dass sie immer noch Männer sind. Wie auch immer: Ein Drei- bis Zwölftagebartträger sieht aus wie ein Bummelstudent oder ein Künstler. Wenn du ein Bummelstudent oder ein Künstler bist, kannst du also einen tragen. Aber als Bankangestellter, Pfarrer, Zahnarzt oder Sozialpädagoge solltest du davon Abstand halten. Allerdings kannst du das alles natürlich machen, wie du willst. Diese Regel 63 hat nur deskriptiven Charakter.

Männer mit viel Tagesfreizeit schneiden sich besonders hübsche Bärte. Da werden die Haare dann zu Strichen, Blitzen, Kugeln oder Punkten. Dazu schneiden sie Lücken in die Augenbrauen und rasieren sich Symbole in die Kopfbehaarung. Meist kombinieren sie den ausgefeilten Look mit Tattoos, Ringen, Piercings, Muskeln, lustigen Kleidungsstücken, wilden Blicken und sehr viel Parfum. Diese Form der Barttracht ist vielleicht die modernste. So etwas gibt es wirklich noch nicht lange. Wenn du ein Trendsetter werden willst, kannst du dich auf diesem Feld betätigen. Dazu gehört viel Mut und ein völliger Mangel an Selbstzweifeln.

REGEL 64

SEXUALWISSENSCHAFTLICHE RATSCHLÄGE

Männer interessieren sich für Sex. Deswegen muss ich diese Regel hier einbauen, auch wenn ich zu diesem Thema nicht viel zu sagen habe. Schließlich bin ich seit 18 Jahren fest liiert und auch ansonsten ziemlich unbedarft. Trotzdem kann ich dir ein paar Tipps geben, die du nicht im Internet findest.

Da gibt es den guten alten Orgasmus. Der hat nichts mit Organismus oder Goaßmaß zu tun. Es handelt sich hierbei um den sexuellen Höhepunkt. Den können übrigens nicht nur Männer bekommen, sondern auch Frauen. Es empfiehlt sich immer, Frauen diesen Orgasmus zu ermöglichen. Das kann man auf vielfältige Weise erreichen. Dazu sind mehrere Körperteile sehr gut in der Lage, nicht nur der kleine Mann unter deinem Bauchnabel.

Wenn wir schon beim O. sind, ist es nötig, darauf hinzuweisen, dass dieser O. bei vielen Männern zu früh eintritt. Kaum haben sie mit der Show begonnen, fällt schon wieder der Vorhang. Um diesen Effekt abzumildern, musst du im Training sein. Wenn du im Monat nur einmal drüber darfst, ist es kein Wunder, wenn du zu schnell kommst. Aber bleib mal zwei Wochen täglich bei der Sache, da wirst du merken, wie sich die Show ganz automatisch in die Nachspielzeit verlängert. Übrigens gibt es auch Frauen, denen eine kurze Show ganz recht ist.

Dann die Größe des Geschlechtsteils. Oh, da sind Männer verwundbar. Das ist klar. Jeder Mann möchte den Größten haben. Du kannst dein Teil tatsächlich durch bestimmte Quetsch- und Dehnübungen vergrößern. In Indien gibt es Gurus, die sich Gewichte an ihren Penis hängen und ihn so auf einen Meter fünfzig verlängern. Aber bringt es das? Wen willst du mit so einer Latte begatten? Ein Kamel? Einen Pottwal? Eine Frau, die sich ihre Männer nach der Schwanzgröße auswählt, ist genauso bemitleidenswert wie ein Mann, der nur großbusige Frauen liebt. Zu viel Materialismus macht dumm. Such dir ein Weibchen, das zu dir passt. Dann hast du Ruhe an der Sexualfront.

Ach ja. Und vergiss nicht, dass man Sex eigentlich dazu ausübt, um Kinder zu machen. Der schönste Sex ist die Zeugung eines Kindes. Wenn du viel Glück hast, wird deine Frau nicht sofort schwanger. Dann hast du ein paar Monate sehr viel Vergnügen mit deiner Liebe. Sex, bei dem verhütet wird, ist so ähnlich wie das Schauen einer Kochsendung. Man wird nicht richtig satt. Die wichtigste Message dieser Regel ist also folgende: Zeuge ein Kind, zeuge zwei, drei oder vier Kinder. Dann hast du alles richtig gemacht. Dann funktionierst du wie eine Eins mit Sternchen, auch ohne ein sexualwissenschaftliches Diplom.

REGEL 65

WERDE KEIN HAUSMANN

Bei dieser Regel gibt es Ausnahmen. Einige Berufe bringen es mit sich, dass du von zu Hause aus arbeiten musst. Ich bin Hausmann geworden, weil ich Schriftsteller werden wollte. Außerdem wollte ich noch heiraten und Vater werden. All das habe ich geschafft. Deshalb kann ich vom Hausmanndasein aus erster Hand berichten. Hier habe ich dazu nicht viel Platz, daher mache ich es kurz: Vergiss es.

Hausmann ist ein verdammt fordernder Beruf. Du bist ständig zu Hause. Du hast permanent zu tun. Du machst dir Sorgen, wenn deine Kinder krank sind, du machst dir Sorgen, wenn sie gesund sind und halsbrecherisch herumturnen. Wenn sie am Abend schlafen, musst du ganz leise sein. Wenn sie am Mittag schlafen, auch. Wenn sie wach sind und gesund, dann ist es im Haus wahnsinnig laut. Das kann man mögen, wenn man nach acht Stunden Arbeit endlich wieder zu Hause ist, aber es geht einem auf die Nerven, wenn man es den ganzen Tag ertragen muss. Jahrelang.

Dazu kommen einige Tätigkeiten, die ein Hausmann erledigen muss: Waschen, Einkaufen, Abspülen, Kochen, Aufräumen, Staubsaugen, den Müll rausbringen, Wäsche einräumen, Rasen mähen, Schnee schippen – okay, das war's. Vielleicht ist es doch gar nicht so viel. Mir kommt es nur viel vor, weil ich ja nebenbei auch noch einen anderen Beruf habe und jetzt zum Beispiel tippe, während du krank im Bett liegst.

Es ist schon klar: Irgendeiner muss die Hausarbeit erledigen. Meistens ist das die Frau. Aber immer mehr Frauen haben gutbezahlte Jobs, immer mehr Männer haben schlechtbezahlte oder gar keine Jobs. Kurz: Es gibt mittlerweile viel mehr Hausmänner als vor 30 Jahren. Wenn du groß bist, werden es wohl noch mehr sein. Versuch, diesem Schicksal zu entkommen.

Wie schön muss es sein, jeden Morgen in aller Herrgottsfrühe das Haus zu verlassen, zehn Stunden mit Erwachsenen zu arbeiten und dann heimzukommen und den Kleinen gerade noch Gute Nacht zu sagen? Viele Männer, die so arbeiten, wünschen sich angeblich mehr Zeit mit der Familie. Ich wünsche mir weniger Zeit mit der Familie. Bestimmt ist diese Aussage sehr kritikwürdig, denn Familienzeit ist doch etwas Wunderbares. Ich habe allerdings seit fast zehn Jahren permanent Familienzeit. Ich sehne mich nach Arbeit. Deswegen hat mir auch der Scheißjob, den ich in meinem ersten Buch *Knochenarbeit* (München 2010) beschrieben habe, trotz allem gut gefallen.

Wenn du später eine sehr gut bezahlte Arbeit hast, möglichst noch vor der Hochzeit, kannst du dem Hausmannslos leicht entkommen. Auch, wenn du dir eine Frau nimmst, die nicht viel verdient, etwa eine schöne Bäckerin oder eine Frisöse, eine Kunsthistorikerin oder eine Juristin mit mieser Abschlussnote, dann bist du es, der die Brötchen verdienen muss. Dann hast du einen schönen Arbeitsplatz, ein paar Sekretärinnen, zum Mittagessen gehst du in die Kantine, wenn es mal länger dauert, rufst du zu Hause an. Man will immer das, was man nicht hat. Ich wäre gern mal drei Jahre lang ein Top-Manager mit einer 60-Stunden-Woche. Für mich wäre das Entspannung.

REGEL 66

RASIER DEINE NASENHAARE

Wenn du ein alter Sack wirst, wachsen dir Haare aus der Nase. Wenn du willst, dass jeder dir dein Altsackalter ansieht, tust du nichts gegen diese Büschel. Aber für Männer mit Niveau ist die Nasenhaarrasur Pflicht. Es gibt für sechs Euro so kleine Spezialnasenhaarrasierer. Die funktionieren jahrzehntelang mit derselben Batterie, auch wenn sie achtmal auf den Boden knallen. Du brauchst diese Rasierer nicht oft. Vielleicht zweimal im Monat. Jedenfalls immer dann, wenn aus deiner Nase Haare sprießen. Dann schnappst du dir das Ding – bsssss – und steckst es dir in die Nasenlöcher. Du musst nur aufpassen, dass du damit nicht die innere Haut wegsäbelst. Also führe die Aktion nur durch, wenn du einigermaßen nüchtern bist. Übrigens kannst du mit dem Teil auch Ohrenhaare kürzen.

Nasenhaare, Ohrenhaare? Sind wir hier im Altersheim, oder was? Nein, mein Junge, diese verdammten Haare wachsen dir schon mit 30 aus dem Zinken und den Ohrwascheln. Haare wachsen uns Männern an vielen Stellen: am Rücken, unter den Achseln, im wilden Süden, im dunklen Süden, auf der Brust, um den Bauchnabel, an den Beinen, den Armen – nur auf dem Kopf gehen sie uns schnell aus. Einige modebewusste Männer rasieren sich den ganzen Kram ab. Die schmieren sich die Brust mit Rasiercreme ein und nehmen dann die Klinge. Eine krasse Vorstellung. Pornostars rasieren sich auch immer den Penis blütensauber. Es gibt sogar Männer, viele Männer (sagt meine Frau), die sich die Achseln rasieren. Das stelle ich mir gefährlich vor, da ist ja die Haut so dünn. Bei uns im Fitnessstudio rasieren sich sogar manche Männer die Beine, also nicht im Studio selbst, das wäre ja noch schöner. Da zeigen sie nur ihre glatten Stelzen und lächeln dabei kokett. Dieser ganze Rasurwahnsinn bringt überhaupt nichts, wenn du vergisst, dir die Nasenbüschel zu kürzen. Im Zinken ist die Rasur wirklich notwendig. Alle anderen Körperstellen können zur Not von Pelz bedeckt sein.

Ich bin auf das Ding mit der Nasenhaarrasur natürlich nicht von selbst gekommen. Als ich ein alter Sack wurde, also ungefähr mit 32, sagte mir ein guter Freund, dass man spezielle Nasenhaarrasierer kaufen kann. Ich wusste das bis zu dem Zeitpunkt nicht. Einmal hatte ich vergeblich versucht, mir die Nasenhaare mit meiner Nagelschere abzuschneiden. Das hat wehgetan und für ein mittleres Blutbad im heimischen Badezimmer gesorgt. Was war ich froh, als ich mir zum ersten Mal das surrende Ding in die Nase stecken konnte. Danach sah ich viel besser aus. Ungefähr so gut wie heute. Vorher hingen mir dicke braune stachelige Haarbüschel frech aus dem Gesichtserker. Das Luder Rapunzel hatte es sich bei mir in der Nase gemütlich gemacht. Heute geht es mir viel besser. Die erste Nasenhaarrasur war ein echtes Erweckungserlebnis. Wer sich die Nase rasiert, hat gecheckt und akzeptiert, dass er alt wird. Wenn ich es als Schriftsteller nicht schaffe, werde ich Nasenhaarvortragsreisender in den USA oder in Kirgisien.

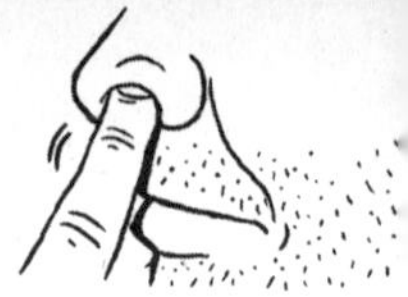

REGEL 67

POPEL NICHT ÖFFENTLICH IN DER NASE

Wer, außer kleinen Kindern, popelt bitte öffentlich in der Nase? Noch dazu, wenn er gerade von einer Kamera gefilmt wird und ihm ein Millionenpublikum dabei zusieht? Ich möchte keine Namen nennen. Es gab mal einen Bundestrainer, dem dieses peinliche Missgeschick passierte. Der Mann mit dem Topfschnitt und der adretten Kleidung schreckte nicht einmal davor zurück, das aus der Nase geförderte Produkt vor Ort zu verspeisen. Ist das peinlich? Ich glaube ja. Kurz nach dem Manöver musste der Erfolgstrainer vor die Presse treten und das Spiel seiner Mannschaft erklären. Von seinem Naseninhalt war glücklicherweise nicht die Rede.

Auch wenn du es nicht vor die Augen der Fernsehöffentlichkeit schaffen solltest, darfst du ab einem gewissen Alter nicht mehr öffentlich in der Nase bohren. Das gehört sich nicht. Sobald Menschen in der Nähe sind, die dich sehen könnten, sollte deine Nase fingerfrei bleiben. Natürlich können dich Menschen auch dann sehen, wenn du nicht damit rechnest. Die amerikanischen Satelliten sehen alles, der Spanner im vierten Stock nebenan schaut dir mit seinem Teleobjektiv auf die Flossen, wenn es dunkel ist. Aber Voyeure sind von dieser Regel ausgenommen, auf die musst du nicht achten, denn sie betreiben ihr Geschäft heimlich und zählen nicht zur öffentlichen Sphäre.

Kleine Kinder dürfen ungeniert popeln, aber schon ab etwa zehn bis zwölf Jahren sollte man das lassen. Es wird ja auch meistens gelassen. Vielleicht ist diese Regel ganz überflüssig. Man sieht wirklich selten popelnde Erwachsene. Falls doch, handelt es sich meist um Verrückte, Verwirrte oder überschätzte Fußballtrainer.

Überhaupt gehören Finger und Hände nicht in dein Gesicht. Weder die anderer Leute, noch deine eigenen. Du darfst nicht öffentlich an deiner Hand oder deinen Fingern riechen. Du solltest auf Porträtfotos nicht mit der Flosse am Gesicht herumdrücken. Die einzige Chance, legal die Finger in die Nähe der Nase zu führen, ist das Zigarettenrauchen oder Naseputzen. Es gibt allerdings Länder, in denen Raucher verfolgt werden, etwa in den USA, in anderen Ländern, zum Beispiel in China, ist das Naseputzen sehr verpönt. Es gibt eine unsichtbare Hand-Nase-Sperre. Halte dich daran und berühre dein Gesicht öffentlich am besten gar nicht.

Im stillen Kämmerlein darfst du natürlich alles machen. Hier sind deiner Fantasie keine Grenzen gesetzt. Hoffentlich wird es stille Kämmerlein auch noch geben, wenn du groß bist. Der private Raum nimmt ja immer mehr ab. Wir waren ja schon bei der Digitalisierung, in diesem Zusammenhang muss auch darauf hingewiesen werden, dass das Internet ebenfalls ein öffentlicher Raum ist. Du solltest also auch nicht vor deiner Webcam popeln, dich ausziehen, tanzen oder sonst irgendetwas tun, was später gegen dich verwendet werden kann.

REGEL 68

ÜBERTRUMPFE DEINEN NACHBARN

Du kannst nicht immer freundlich, verständig, nachgiebig und sozial verträglich sein. Manchmal soll es in deinem Leben auch richtig lustig zugehen. Du kannst dich glücklich schätzen, wenn du viel Geld hast und dein neuer Nachbar ein Idiot ist.

Deutschland ist das Land der Nachbarschaftsstreitigkeiten. Da fliegen die Fäuste, da kommt der Anwalt oder die Axt, wegen ein paar Kirschen, die über den Zaun hängen. Ich hatte noch nie solche Nachbarn, aber dass es sie gibt, versichert das deutsche Qualitätsfernsehen immer wieder sehr glaubhaft. Solltest du an so einen Berserker geraten, musst du erst abschätzen, ob man mit ihm Spaß haben kann oder ob er gleich zum Maschinengewehr greift. Wenn es sich um ein halbwegs zivilisiertes Exemplar der Gattung Nachbar handelt, kann die Party losgehen.

Du musst darauf achten, immer ein bisschen besser zu sein als der Junge von nebenan. Er kauft sich ein neues Auto, sagen wir einen Skoda. Dann kaufst du dir einen Audi oder einen BMW. Er baut sich einen kleinen Pool, du baust ein Schwimmbad mit Solarheizung. Er lässt sich scheiden und nimmt sich eine 35-Jährige. Du tust dasselbe, aber deine Neue ist erst 25.

Das wird ihn ärgern. Irgendwann zieht er aus. Dann kannst du den ganzen Krempel wieder verkaufen und zum alten Setting zurückkehren. Die 25-Jährige hat dich dann auch längst verlassen. Bestimmt kommt deine Exfrau zu dir zurück. Du musst ihr bei einem Glas Wein erklären, dass du diesen Kleinkrieg gebraucht hast, weil du ein Mann bist und Männer auch im Frieden ein bisschen kämpfen müssen.

Wenn du immer nachgibst und freundlich bist, werden deine Waffen stumpf. Jedes halbwegs entwickelte Tier hat irgendeine

Waffe zur Verfügung. Auch ein Mensch, vor allem ein Mann, muss in irgendeiner Weise bewaffnet sein. Eine spitze Zunge, eine spitze Feder, ein gewaltiger Penis, ein starker Arm oder ein nicht gefälschter Doktortitel kann jedem Mann das Leben versüßen. Ein völlig unbewaffneter Mann ist zu bedauern. Immer nur Frieden und Freundlichkeit und Hello-Kitty-Gemütlichkeit ist ja unerträglich. Das hält kein Mann auf Dauer aus.

Wir Männer sind Kämpfertypen. Wahrscheinlich sind wirklich die Männer an der Unfriedlichkeit der Welt schuld. Aber was sollen wir machen? Wir sind nun mal so geboren. Wir können nicht aus unserer Haut. Vielleicht übernehmen die Frauen in ein paar Jahren vollends das Ruder. Schon heute mischt die Weiblichkeit auf allen möglichen Chefposten die Karten neu. Männer kommen zunehmend aus der Mode. Der gute alte Macho-Kämpfer ist heute ein exotischer Zoobewohner. Wie das weitergehen soll, weiß ich auch nicht. Vielleicht lässt du das mit dem Nachbarschaftsstreit lieber und ziehst in die Einöde. Ohne Nachbarn, ohne Gesellschaft, ohne den ganzen gezuckerten Freundlichkeitsquatsch.

REGEL 69

VORSICHT BEI AKADEMIKERINNEN

Männer haben es heute ziemlich schwer. Ihre Rolle wird hinterfragt. Man fragt so lange, bis von ihr fast nichts mehr übrig bleibt. Der heutige Mann ist daher entweder trotzig und widerborstig oder er betrachtet seine Männlichkeit als Defekt, den es zu verbergen und auszumerzen gilt. Lockere, in sich ruhende Männer sind heute entweder schon über 60 oder sie wohnen hinter den sieben Bergen bei den sieben Zwergen.

Schuld an der Misere des Männerbildes ist die Emanzipation der Frauen, aber auch die neue globalisierte und computerisierte Arbeitswelt. Bleiben wir bei den Frauen. Die haben nach einigen Jahrhunderten am Kochtopf die Nase voll von der Hausarbeit und gehen nun auch allein und unverschleiert vor die Tür. Mit meinen zehn Jahren Erfahrung als Hausmann kann ich die Frauen und ihren Emanzipationswunsch sehr gut verstehen. Wenn Frauen und Männer Vollzeit arbeiten, bleibt allerdings für Kinderbetreuung keine Zeit mehr. Es ist blauäugig, anzunehmen, dass der Staat den Familien die Kinderbetreuung komplett abnehmen kann. Das geht nicht. Kleine Kinder werden oft krank, dann müssen sie zu Hause bleiben. Außerdem gibt es in jedem Haushalt auch Aufgaben, die kein Staat der Welt übernehmen kann: Putzen, Kochen, Einkaufen, Waschen und so weiter. Die Deutschen haben auf diese Problematik eine bedauernswerte Antwort gefunden: Wir haben eine der niedrigsten Geburtenraten der Welt.

Dir empfehle ich, zu heiraten und Kinder in die Welt zu setzen. Aber pass auf, wen du heiratest. Wenn die Frau mehr verdient als du, bist du gezwungen, deine Karriere zu vernachlässigen. Dann hast du den Haushalt an der Backe. Und mit dem Haushalt auch die Kinder. Und mit den Kindern viel mehr Verantwortung, als du tragen möchtest. Welche Frauen verdienen mehr als du? Na logisch: Akademikerinnen, studierte Frauen, Frauen mit Diplomen, Doktortiteln, MBA-Abschlüssen oder gar Lehrstühlen in Moralphilosophie.

Akademikerinnen sind außerdem die Hauptträger des emanzipativen Gedankens. Einer Frau mit fünf Jahren Hochschulerfahrung wirst du nicht mit männlichen Traditionen kommen können. Sie lacht dich aus, wenn du ihr sagst, dass kleine Kinder ihre Mutter brauchen, sie klopft sich auf die Schenkel, wenn du vorschlägst, dass sie als Frau auf ihren gutbezahlten Posten verzichten soll, nur um sich um den kleinen Schreihals zu kümmern. Du kannst dich schon glücklich schätzen, wenn du es überhaupt geschafft hast, eine Akademikerin zu schwängern. 40 Prozent aller deutschen Akademikerinnen bekommen gar keine Kinder. Die haben lieber viel Geld und viel Anerkennung als arbeitende Kräfte der Gesellschaft. Ich weiß allerdings nicht, warum eine topbezahlte Managerin einen besseren Beitrag zu unserer Gesellschaft leisten soll als eine Mutter von drei Kindern. Aber selbst diese harmlose Bemerkung wird mir die Kritik als rückwärtsgewandt, reaktionär, rechtsradikal oder sonst was um die Ohren hauen.

Der Mensch fängt nicht beim Abitur an, sagt der bayerische Ministerpräsident Seehofer, der selbst »nur« mittlere Reife hat. Das gilt auch für Frauen. Es müssen nicht immer die ganz Gescheiten sein, mit denen du dich verbindest. Weißt du, wie man »gescheit« steigert? Gescheit, gescheiter, gescheitert.

REGEL 70

SO TRINKT MAN AUS EINER FLASCHE

Will der mich verarschen? Ich bin schon so alt, dass ich ein Buch lesen kann. Natürlich kann ich auch aus einer Flasche trinken! Jetzt beruhige dich erst mal. Ich weiß, dass du es kannst. Aber viel zu viele Jungs und Männer können es leider nicht. Vielleicht erklärst du es ihnen bei Gelegenheit. Ich tue es auch. Und sei nicht so empfindlich. Dieses Buch ist schließlich nicht für dich allein.

Wer weiß, wie man aus einem Glas trinkt, weiß auch, wie man aus einer Flasche trinken sollte. Einigen ist das aber nicht bewusst. Ein Glas steckt man sich nicht komplett in den Mund und saugt es aus. Das sähe doof aus und ist außerdem bei größeren Gläsern ziemlich schwierig. Die Unterlippe berührt den Glasrand. Man lässt das Bier oder den Saft ganz entspannt in den Mund fließen. Es fließt und fließt, und irgendwann muss man absetzen, weil sonst die Frau streng schaut oder der Kellner zu schnell kommt. Es fließt bei dieser Technik auch deshalb so gut, weil immer eine gute Luftzufuhr herrscht. Wenn du das Glas komplett in den Mund steckst und saugst, ist schnell Schluss mit der Trinkerei. Du musst das Glas aus dem Mund ziehen und Luft hereinlassen, bevor du weiternuckeln kannst.

Beim Flaschentrinken gilt dasselbe Prinzip. Auch der Flaschenhals gehört beim Trinken nicht komplett in den Mund. Die Oberlippe hat mit dem Flaschentrinken nichts zu schaffen. Du saugst an deiner Flasche nicht wie an einem Schnuller, sondern trinkst daraus wie ein zivilisierter Mensch. Auch wenn zivilisierte Menschen lieber gleich ein Glas nehmen sollten. Dann stellt sich die Problematik gar nicht erst.

Du kennst sicher einige Leute, die ihre Flasche wie einen Schnuller behandeln. Ich habe sogar den Eindruck, dass es immer mehr Menschen gibt, die das tun. Das liegt an den tausend Strohhalmen, die man in Cafés und Diskotheken zu vielen Getränken serviert bekommt. Ich bestelle mir auf der Ü-30-Party immer eine Cola, wenn ich mein Bierpensum erfüllt habe. Jedes Mal muss ich dazu sagen, dass ich keinen Strohhalm brauche. Bei unserem Italiener hatte ich zweimal einen Latte macchiato mit einem rosa Strohhalm. Seitdem trinke ich dort wieder Filterkaffee. Bei uns im Fitnessstudio wird auch dauernd an Flaschen genuckelt, als sei man auf der Säuglingsstation. Ich glaube, manche gehen da nur rein, um sich an der klebrigen Himbeerbrühe satt zu saufen. Man kann übrigens auch eine Stunde Sport machen, ohne dabei etwas zu trinken.

Jedenfalls wird dank Strohhalmen und Nuckelaufsätzen überall gesaugt. An normalen Flaschen saugt man aber nicht, man trinkt daraus. Du weißt, wie es geht. Gib dein Wissen weiter, wo immer es angebracht ist, damit die Menschheit diese wichtige Kulturtechnik nicht komplett verlernt.

REGEL 71

GRÖSSENWAHN BRINGT DICH WEITER

Wie soll man es je zu etwas bringen, ohne zumindest ein bisschen größenwahnsinnig zu sein? Man braucht hohe Ziele, große, gewaltige Ziele, um das zu schaffen, was man eben schaffen kann. Wenn man das Ziel zu niedrig hängt, bleibt man lebenslang unter seinen Möglichkeiten.

Kleine Jungs wollen oft Astronaut werden. Sollen sie sich als große Jungs damit begnügen, in fünf Jahren vielleicht zum Assistenten des Geschäftsstellenleiters befördert zu werden? Wir wollen Großes erreichen. Wir wollen reich, berühmt, eminent wichtig, mächtig, geil und superschlau werden. Ein Job als Tankstellenkassierer kann für uns nur eine Übergangslösung sein. So ist es mit jedem Job, der nicht glänzt und glitzert und jede Menge Schotter abwirft.

Wir begnügen uns nicht mit kleinen Karos. Die Riester-Rente tröstet uns nicht im Alter. Wir wollen alles oder nichts. Lasst uns in Ruhe mit dem Spatz in der Hand. Wir wollen auch nicht die Taube auf dem Dach. Wir wollen die beiden Mäusebussarde und dann den Steinadler hoch oben am blauen Himmel.

Lass dir von den furchtsamen Alten keine Flausen einreden. Du kannst alles erreichen, wovon die Angsthasen nicht mal träumen. Diese Welt ist grenzenlos. Ein paar Klicks im richtigen Moment, ein Lächeln in Richtung einer wichtigen Person, Kamerad Zufall oder einfach nur Glück kann dich in wenigen Minuten von null auf hundert katapultieren. Im Zeitalter des Internets bist du schneller ein YouTube-Star, als du bis drei zählen kannst. Regierungen, Wirtschaftssysteme und Währungen sind nichts mehr wert. Nichts ist festgefügt für die Ewigkeit. Alles ist im Fluss. Warum sollst du nicht auch einmal auf der Sonnenseite stehen und an der Copacabana

Margaritas schlürfen? Dem steht nichts im Weg außer Kleingeistigkeit und Furcht vor Veränderung.

Als Journalist wirst du Chefredakteur der *FAZ*, als Schriftsteller bekommst du den Nobelpreis, als Maler werden deine Bilder im MoMA in New York ausgestellt, als Unternehmer wirst du ein wirklich reicher Pinkel, als Bierbrauer braust du das beste Bier der Welt und als Schauspieler holst du dir ein paar Hollywood-Oscars. Dass du als deutscher Fußballer irgendwann beim FC Bayern kickst, versteht sich von selbst.

Ob das alles stimmt, wird die Zukunft zeigen. Jedenfalls solltest du versuchen, der Beste zu werden. Dass du dabei nicht vor Ehrgeiz platzt, ist klar. Glaub einfach daran, dass du groß rauskommst. Möglich ist alles. Sei ein bisschen größenwahnsinnig. Größenwahn ist das Benzin der Erfolgreichen.

Wenn du ein kleiner braver Mann werden willst, sei froh. Dann kannst du diese Regel vergessen.

REGEL 72

WIE DU ANDERE SCHWINDLIG QUATSCHST

Wenn du keine Lust hast, richtig zu arbeiten, und viel Geld verdienen willst, solltest du das Quatschen lernen. Wenn du gut quatschen kannst, liegt dir unsere Medienwelt zu Füßen. Aber auch in den dunklen Gemäuern der Wirtschaft kommt es oft nur darauf an, die richtigen Worte zum richtigen Zeitpunkt smart und deutlich auszusprechen. Quatschköpfe haben immer Konjunktur. Wer quatschen kann, geht im Leben niemals unter.

Um dir einen ersten Eindruck dieser Zungentätigkeit zu verschaffen, musst du nur den Fernseher einschalten. Geh aber nicht auf die Nachmittagsprogramme der Verblödungssender. Dort wird zwar auch gequatscht, aber nur sehr schlecht. Du musst aufs Qualitätsfernsehen schalten, auf ARD und ZDF. Das sind die öffentlich-rechtlichen Sender. Die sind so gut, weil sie von jedem deutschen Bürger, ob blind, taub oder dement, pro Monat einen nicht geringen Betrag einziehen. Es handelt sich dabei um Gebühren. Für Gebühren muss eine Gegenleistung erbracht werden. Diese Leistung siehst du in den Talkshows am Abend. Dort sitzen die Profi-Quatscher der Nation.

Die können so verdammt gut reden, dass die verblüfften Zuschauer ihnen alles glauben. Vor einigen Wochen kam heraus, dass in vielen Fertighackfleischgerichten Pferdefleisch verarbeitet wurde. Ein ungeheurer Skandal. Doch in der Talkshow *Hart aber fair* war ein Verantwortlicher zu hören, der sich so geschickt aus der Bredouille wandt, dass er wirklich jeden Cent seines grandiosen Monatslohns wert war. Der Mann gab den Schwarzen Peter einfach weiter. Jeder wusste, dass er lügt. Doch er log so smart, so wortreich, so sympathisch und klar, dass die Bürger heute sagen: »Ach, Pferdefleisch ist doch gesund. Wir essen ja auch Haifischflossen, Shrimps und Hummer.«

Wenn du das kannst, wenn du lügen kannst, ohne rot zu werden, einen schönen Augenaufschlag dazu hinbekommst, im richtigen Moment Empörung oder Betroffenheit heucheln kannst, wenn du nie verlegen bist, wenn du nicht emotional sprichst, sondern seriös und klar, wenn du bereit bist, auf wilde Frisuren, Piercings und andere medialen Abtörner zu verzichten, dann kannst du dein Leben mit Quatschen finanzieren, und es wird ein sehr reiches Leben sein.

Mir ist diese Fertigkeit leider nicht gegeben. Das Lügen fällt mir sehr schwer. Deswegen muss ich auch schreiben oder Möbel schleppen. Ein Mann, der nicht gut reden kann, ist zu harter Arbeit gezwungen. Die einfachen Arbeiter können in der Regel nicht gut reden. Das ist keine Folge ihres Berufes, sondern dessen Ursache. Die Quatschköpfe kommen sofort nach oben. Man merkt ja schon sehr früh, ob ein Typ später zum gut bezahlten Lügen zu gebrauchen ist.

Kleine Anmerkung am Schluss: Nicht alle Profi-Quatscher lügen. Meist verdrehen sie nur die Tatsachen, lassen hier was weg, schmücken dort etwas aus. Echtes Lügen ist das nicht. Der US-Philosoph Harry G. Frankfurt schrieb einmal folgenden Satz, den auch ich dir nahelegen möchte: »Never tell a lie when you can bullshit your way through.«

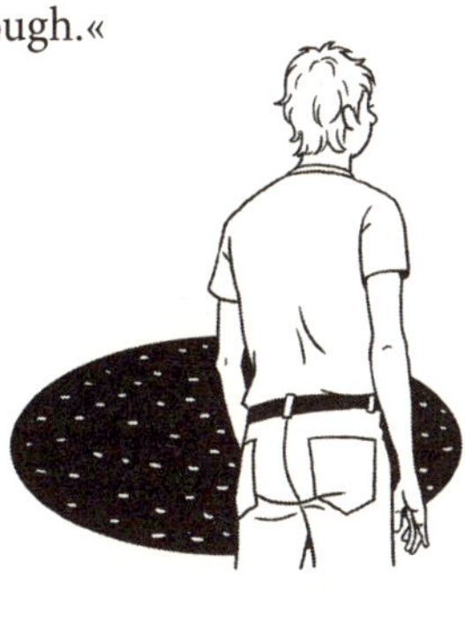

REGEL 73

WIE WÄRE ES MIT EINEM HUND?

Hunde stammen vom Wolf ab. Der Wolf ist ein wilder Jäger. Wenn man im November gegen 19 Uhr im Bayerischen Wald einem Wolf gegenübersteht, ist man über den Sicherheitszaun ganz froh. So ähnlich fühlt man sich bei Hunden, die groß und wild wirken. Als Postbote geht man nur ungern durch ein Gartentor, hinter dem zwei Dobermänner und drei Rottweiler die Zähne fletschen.

Die Deutschen lieben Hunde über alles. Der Hund ist für die Deutschen das, was für die Inder die Kuh ist. In Indien dürfen die Kühe überall herumlaufen. Weil sie heilig sind, ist indischen Kühen so gut wie alles erlaubt. In Deutschland ist der Hund heilig. Er darf bei uns auch überall frei herumlaufen. Natürlich gibt es Zonen, in denen man Hunde eigentlich an die Leine nehmen soll. Aber die Menschen halten sich meist nicht daran. »Der tut nichts«, rufen sie dann von Weitem, während ihr schwarzer Schäferhund auf den Spielplatz stürmt. Meistens tut der Hund wirklich nichts. Er schleckt nur mit seiner Zunge über Hände und Gesichter und bellt und springt vor lauter Daseinsfreude.

Wer Angst vor Hunden hat, sollte um Deutschland einen großen Bogen machen. Der Hund gehört zu Deutschland wie das Bier und der Schweinebraten. Es ist auf Dörfern völlig normal, dass dort ein dicker Hund das offene Tor bewacht, dass er auf dich zuläuft, dich beschnuppert, dich testet, dich überprüft. Wenn du Angst hast, wenn du gar schreiend vor dem Hund wegrennst, betrachtet er dich als Beute und rennt dir hinterher. Und Hunde sind schnell. Sehr schnell. Sie haben vier Beine. Wenn sich dir ein Hund nähert, musst du ganz ruhig bleiben. Er beschnuppert dich kurz, und wenn du keine Faxen machst, geht er gleich weiter. Die meisten Hunde sind ganz coole Typen. Aufpassen musst du nur bei den Verrückten. Keine Angst, einen verrückten Hund erkennst du sofort. Schau Hunden nicht zu lange in die Augen. Das begreifen die als Angriff. Akzeptiere die Persönlichkeit des Hundes. Dann hast du mit ihm keinen Stress.

Ich wohne seit 42 Jahren in Deutschland und mich hat noch nie ein Hund gebissen. Ich habe keine Probleme mit den Typen, allerdings mag ich sie nicht besonders. Mir sind Katzen lieber. Wenn du dir also später einen Hund zulegst, dann bitte keinen Kampfhund, keinen Bluthund und wenn möglich keinen Polizeihund und auch sonst nichts Gefährliches. Sonst könnte es sein, dass ich dich nicht allzu gern besuchen komme. Vielleicht wird es dir aber ganz recht sein, wenn dich dein alter Knacker in Ruhe lässt. Dann sind drei freilaufende Fleischerhunde in deinem Vorgarten genau richtig.

REGEL 74

KEINE ANGST VORM FLIEGEN

Auf international besetzten Ökokonferenzen wird immer wieder festgestellt, wie sehr der Flugverkehr der Umwelt schadet. Nach getaner Arbeit setzt sich die Öko-Elite in den Flieger und düst zur nächsten Konferenz am anderen Ende der Welt. Vielleicht spürst du die leise Ironie dieser Sätze. Geflogen wird immer, soll das heißen. Vor allem die Reichen und Schönen, die Wichtigen und Beliebten sehen den Planeten meist von ganz oben. Reich, schön, wichtig und beliebt zu sein ist ganz okay. Deswegen wirst auch du hoffentlich ein Vielflieger werden.

Das Flugzeug ist das sicherste Verkehrsmittel von allen. Wenn du nicht gerade von Kenia nach Uganda fliegen musst, brauchst du dir keine Sorgen zu machen. Dass so ein Vogel abstürzt, kommt nur höchst selten vor. Und wenn, dann steht es immerhin überall in der Zeitung. Außerdem hat es auch etwas Cooles, bei einem Flugzeugabsturz ums Leben zu kommen. Das ist heroischer als das langsame Verenden im eigenen Bett, wahrscheinlich auch aufregender. Jedenfalls kannst du sorglos fliegen. Wenn du erst mal drin sitzt und angeschnallt bist, ist es eh zu spät. Dann geht es auf die Startbahn. Das Ding wird immer schneller, und bald hebst du ab und steigst in die Lüfte und wunderst dich jedes Mal, wie das klappen kann. Du berührst die Wolken, durchstößt die weiße Decke, und dann bist du ganz oben. Über dir herrlicher blauer Himmel, eine stark und hell strahlende Sonne. Unter dir Wolkenfelder, ganze Gebirgslandschaften. Du meinst nicht nur, du bist im Himmel, du bist es tatsächlich. Über den Wolken ist der Himmel so schön, dass man gar nicht mehr herunter will. Auf jeden Fall sehen Wolken von oben viel besser aus als von unten.

Wenn du dich einer Stadt von oben näherst, fühlst du dich übermächtig. Diese Stadt gehört mir. Ich werde sie einnehmen. Wann hat man dieses Gefühl je im Auto oder gar im Zug? Egal ob Köln oder Berlin, New York oder Schanghai. Wenn du von oben kommst wie ein Engel, hast du alles im Blick. Die tausend Ameisen da unten waren noch nie so weit oben. Du schaffst es. Das vermittelt der Anflug. Wenn du wissen willst, wie sich Politiker und Wirtschaftsführer fühlen, musst du fliegen. Heb ab und behalte das abgehobene Gefühl auch nach der Landung.

Wer nach oben will, darf keine Flugangst haben. Wie sollst du dieses Land regieren oder Papst werden, wenn du dich nicht in ein Flugzeug traust? Willst du mit deinen Freundinnen immer nur im Bayerischen Wald Urlaub machen? Wie lange wird es dauern, wenn du deine Pilgerfahrt nach New York mit dem Schiff absolvierst? Möchtest du wirklich im Zug nach Peking fahren? Es ist leicht, zu sagen: Hab keine Flugangst. Was ist, wenn du dich doch davor fürchtest? Dann, mein Junge, musst du stark sein und diese Angst überwinden. Sobald du die Wolken von oben siehst, sobald du dich in das Parfum deiner Sitznachbarin verliebt hast, wirst du keine Angst mehr empfinden, sondern nur noch Freude. Ein bisschen Flugangst kannst du aber ruhig behalten. Dann freust du dich wenigstens, wenn du wieder unten bist.

REGEL 75

KAUF DIR EINEN FUSSBALLVEREIN

Wenn du irgendwann ganz reich geworden bist und nicht mehr weißt wohin mit dem ganzen Schotter, dann kauf dir doch einen Fußballverein. Da machst du nichts Verkehrtes. Mit irre viel Geld kann man sogar Dorfmannschaften wie Hoffenheim bundesligatauglich machen. Du kaufst Superspieler, baust ein schönes Stadion, engagierst einen erstklassigen Trainer, und in fünf Jahren ist dein Verein ganz oben. Jeden Samstagnachmittag hast du deine VIP-Lounge im Stadion. Da kannst du in Ruhe ein paar Bier zischen. Du bist der Star deines Ortes, denn die Menschen lieben Fußball, und sie werden dich lieben, wenn du ihnen eine tolle Mannschaft finanzierst.

Es ist gar nicht mal so teuer, sich einen Fußballverein zu kaufen. Ich schätze, mit einer halben Milliarde kannst du schon ganz oben mitmischen. Aber es muss ja nicht immer Champions-League sein. Auch der Reiche mit dem etwas kleineren Geldbeutel kann einem Verein auf die Sprünge helfen. Eine fünftklassige Mannschaft kannst du schon mit ein paar Millionen in die Dritte Liga pushen. Wenn du eitel bist, muss der Verein deinen Firmennamen tragen. Wenn du verrückt bist, lässt du deine Spieler vor jeder Partie deinen Namen skandieren. Mit Geld kann man fast alles kaufen. Auch Tore, auch Begeisterung.

Aber Fußballfans sind ja meist ganz umgängliche Typen, auch wenn sie reich sind. Man freut sich auf das Wochenende, fiebert mit, bewegt sich unter Männern, hat zur Abwechslung auch mal angenehme Pressetermine. Man wird als Person und Unternehmer insgesamt sympathischer. Sportförderung ist etwas Grundgutes. Wenn du deiner Region einen guten Fußballverein schenkst, kann es schon sein, dass das örtliche Finanzamt bei dir nicht mehr so genau hinschaut. Am Ende sparst du vielleicht sogar ein paar Kröten in der Gesamtbilanz.

Natürlich musst du Fußball mögen. Und es ist auch nicht immer leicht. Dein Verein kann nicht dauernd gewinnen, einige Typen meckern über dein Engagement, manche Fans werden aufmüpfig, wenn sie keine Bengalos mehr anzünden dürfen. Die Auswärtsspiele finden immer öfter in Ländern statt, in denen man die Deutschen nicht mehr mag. Und auch das Wetter ist hierzulande sehr erkältungsfördernd. Du musst schon ein echter Mann sein, wenn du dich auf so was einlässt.

Und dann musst du natürlich wissen, welchen Verein du kaufen willst. Es wäre logistisch schon ganz gut, wenn das Stadion in der Nähe deines Wohnorts wäre. Wenn du dir als Deutscher einen brasilianischen oder englischen oder gar zyprischen Verein kaufst, musst du sehr viel Zeit investieren. Denn wenn du den Typen nicht auf die Finger schaust, machen die mit deinen Millionen, was sie wollen. Aber Vorsicht: Wenn du den FC Bayern kaufen willst, brauchst du wirklich viel Kohle. Ich glaube, 1860 braucht momentan Unterstützung. Aber das hat ja alles noch ein paar Jahre Zeit.

REGEL 76

WERDE NACHFOLGER VON HUGH HEFNER

Kennst du Hugh Hefner? Das ist ein lustiger Mann mit viel Gespür für die wahren Freuden des Lebens. Vor vielen Jahren hat er das Männermagazin *Playboy* in den USA gegründet. Genau genommen war das im Jahr 1953, also in einer durch und durch spießigen Zeit. Hefner war damals 27 und hatte keine Lust mehr, als Werbetexter zu buckeln. Er lieh sich 1.000 Dollar von seiner Mutter und brachte die Ikone Marilyn Monroe leichtbekleidet aufs Cover. Das kam bei den Männern super an, bei der Kirche, den rechten Parteien und einigen Feministinnen nicht. Hefner wurde stark kritisiert und blieb auch sonst ein cooler Typ. Bis März 2005 lebte er mit sieben jungen Frauen in einer Villa. Seit Silvester 2012 ist er nur noch mit einer Frau zusammen, die 60 Jahre jünger ist als er und ihn tatsächlich geheiratet hat. Ist das eine Performance nach deinem Geschmack? Der Junge aus Chicago hat es drauf. Den kannst du beerben, wenn du im Leben Spaß haben willst.

Ist Hugh Hefner politisch korrekt? Ich glaube nicht. Er hat sich gegen viele herrschende Konventionen gestellt. Er hat den Männern das gegeben, was ihnen Spaß bereitet. Hefner ist ein emanzipierter Mann, einer, der nicht verklemmt die Pobacken zusammenkneift, sondern das tut, was ihm gefällt. Hefner hat sich befreit. Er zieht sein Ding durch. Ihn juckt es nicht, was die Oberen erzählen. Ein Shitstorm auf Facebook oder Twitter würde ihn völlig kalt lassen. Kritik der Sauertöpfe perlt an ihm ab. Von Hefner kannst du lernen, ein freier Mann zu werden. Auch wenn du es mit Playmates und Bunnys nicht so haben solltest, Hefner zeigt dir trotzdem den Weg. Tu, was dir Spaß macht, und lass die ängstlichen Langweiler meckern. Die großen Männer der Geschichte, die Erfinder, die Forscher, die Künstler und Philosophen, waren alle politisch unkorrekt, weil sie alle auf die herrschende Meinung pfiffen und ihren eigenen Weg gingen. Freiheit nimmt man sich, man bekommt sie nicht geschenkt.

Die Idee, mit sieben Frauen in einem Haus zu leben, hat etwas für sich. Die Frauen haben Unterhaltung. Frauen reden ja oft viel lieber mit anderen Frauen als mit Männern. Für den Hahn im Korb ist es auch nicht schlecht. Er hat für jeden Tag eine andere Bettgenossin. Ein Mann möchte siebenmal in der Woche, einer Frau reicht es einmal. Es ist alles nur eine Frage der Finanzen. Sieben Luxusfrauen muss man unterhalten können. Hefner hat mit seinem *Playboy* sehr viel Geld verdient. Er konnte sich so ein Leben leisten. Schau dir im Internet Bilder von Hefner an. Er ist fast 90 und sieht immer noch vital und gut aus. So schaust du auch aus, wenn du ein glückliches, erfülltes Leben geführt hast. Wir Männer sollten uns an Hugh Hefner ein Vorbild nehmen. Er verkörpert das wirklich freie Amerika. Er ist ein Mann, dessen Größe man wohl erst in einigen Jahrzehnten begreifen wird.

REGEL 77

WENN DU ETWAS VERBROCHEN HAST, GEH BEICHTEN

Du bist Oberbayer geworden, also haben wir dich katholisch getauft. Du hast daher die großartige Möglichkeit, später beichten zu gehen, wenn dir danach ist. Ich halte das für eine Supererfindung. Als Evangelischer muss ich zum Beispiel alle meine Sünden mit mir herumtragen. Weil keiner so viel schleppen kann, verzichten die Protestanten von vornherein darauf zu sündigen. Das ist auf Dauer etwas fad. Du aber kannst als Katholik tun, was du möchtest. Wenn es zu hart war, gehst du zur Beichte, betest ein paar Rosenkränze und gut ist. Herrlich.

Viele verstehen die Katholische Kirche nicht. Deutschland ist evangelisch geprägt. Man erwartet von den Katholiken, dass auch sie möglichst evangelisch werden. Aber das tun die natürlich nicht. Gott sei Dank sind die religiösen Streitigkeiten zwischen den Konfessionen hierzulande seit Jahrzehnten beigelegt. Deswegen wird es nicht allzu schlimm sein, wenn ich dir den Unterschied zwischen Katholizismus und Protestantismus in wenigen Sätzen erkläre. Eigentlich reicht ein ganz kurzer Satz: Der Katholizismus ist komplizierter.

Ich bin evangelisch aufgewachsen. Weil der evangelische Glaube sehr einfach strukturiert ist, konnte ich ihn schon als Kind sehr leicht verstehen und annehmen. Ich bezeichne mich als gläubigen Menschen. Seit wir in Oberbayern leben, besuche ich hin und wieder den katholischen Gottesdienst und bin immer wieder begeistert von der Intellektualität der katholischen Pfarrer. Es ist wirklich eine geistige Herausforderung, die tausend Windungen des katholischen Glaubens zu ergründen. Ich habe meine Freude daran. Einer katholischen Predigt höre ich mit derselben

Konzentration zu, mit der ich sonst schwierige philosophische Texte lese. Der evangelische Glaube ist mir mittlerweile zu einfach. Der hat mir in meiner Kindheit und Jugend sehr geholfen, aber heute, als Erwachsener, sehne ich mich nach mehr Komplexität.

Für dich als Kind bedeutet das, dass du es schwerer haben wirst, zum echten Glauben zu finden, weil du womöglich nicht verstehen kannst, was man dir im katholischen Unterricht sagen möchte. Mein Fazit lautet: Kinder sollte man evangelisch erziehen, Erwachsene sind dann reif für den Katholizismus. Aber das ist natürlich sehr subjektiv und wird hier nur unter vier Augen verkündet. Jedenfalls sehe ich keinerlei Feindschaft zwischen Katholiken und Protestanten in Deutschland. Das ist sehr schön, liegt aber wahrscheinlich auch daran, dass die Gläubigen insgesamt stark in die Minderheit geraten sind.

»Ich glaube an die Deutsche Bank, denn die zahlt aus in bar«, sang Marius Müller-Westernhagen. Aber auch dieser Glaube ans Geld, dem die meisten Leute hier anhängen, verliert momentan viel Boden.

REGEL 78

GEH AUCH ALLEIN AUS

Es ist zwar schön, wenn man mit Kumpels abends die Kneipen unsicher macht, aber was ist, wenn du keine Kumpels hast oder nur solche, die nie Zeit haben? Willst du dann immer zu Hause dein Bier schlabbern? Willst du mit dem Ausgehen warten, bis deine vier Freunde wieder bereit für das Nachtleben sind? Natürlich nicht. Du gehst auch allein aus, wenn es sein muss. Du hast kein Problem damit, allein durch die Nacht zu laufen und dich allein in eine übel beleumdete Bar zu setzen. Du bist ein einsamer Wolf. Nicht jeder kann ein Herdentier sein.

Aber es gibt natürlich diese Herdentiere. Männer, die nur mit ihren Freunden losziehen, weil sie sich allein unsicher und nackt fühlen. Gemeinsam mit ihren Freunden trauen sie sich die tollsten Sachen. Zum Beispiel drei Bier nacheinander zu trinken in zwei Stunden. Oder Frauengrüppchen anzumachen mit lustigen biergeschwängerten Sprüchen, die sich in jeder Region auf eine andere Art lächerlich und plump anhören. Nichts gegen Männertruppen, es ist schön, wenn man gute Freunde hat. Aber irgendwann wirst du älter. Da klingelst du nicht mehr beim Michi und fragst, ob er mit rauskommt. Da hast du ab neun Uhr abends spontan Zeit und Lust, ein Bier zu zischen. Und die Spontaneität deiner Freunde nimmt im Alter ab. Also musst du allein losziehen. Wenn du ab 40 etwas mit Männern machen willst, brauchst du mindestens drei Tage Vorlauf. Spontan Zeit hat da keiner mehr. Jedenfalls für mich nicht. Vielleicht wird es bei dir anders.

In jeder Kneipe gibt es diese einsamen Typen, die allein an der Theke hocken. Manche jungen Leute finden das traurig. Aber ältere Männer haben auf der Arbeit oder zu Hause mit der Familie oft so viel Stress und Unruhe, dass sie es genießen, am Abend beim Bier ganz ruhig an einer Theke zu sitzen und nichts zu sagen außer »ja bitte« und »ich zahl dann«. Es gibt auch Männer, die einfach nicht gern reden. Das sind nicht die schlechtesten Typen. Schweigen, Bier trinken, Musik hören, Rauchen, der Bedienung auf den Hintern schauen – das macht ihnen mehr Spaß als Plappern und Schwätzen und Lachen.

Aber es gibt nicht nur Kneipen. Man kann auch allein in den Urlaub fahren, ins Museum gehen, ins Café, ins Restaurant, in die Disco, ins Kino oder ins Theater. Es muss nicht immer ein Freund oder eine Freundin dabei sein, mit denen du Händchen hältst. Allein bist du der Chef. Du entscheidest, wann du wohin gehst, wann dein Abend beginnt und wann er endet. Du trinkst, was du willst, und vor allem bist du allein nicht unter Beobachtung. Das hat Vorteile. Wenn du immer mit deinen Freunden weggehst, wissen deine Freunde, was du wo getan hast. Sie können es jederzeit bei Facebook posten, wenn sie plötzlich nicht mehr deine Freunde sind.

Wenn du allein ausgehst, bleibst du nicht allein. Du lernst Leute kennen, neue Leute, interessante Leute. Du unterhältst dich mit Menschen, die du nie zuvor gesehen hast, die anders aussehen, anders reden und anders denken als du und deine Freunde. Wer allein ausgeht, ist offen für Neues. Es bildet, allein auszugehen. Du lernst etwas dabei.

REGEL 79

GUTE ANMACHSPRÜCHE

Wie sich das anhört! Anmachsprüche! Anmachen! Billig, proletenhaft, plump. Es ist nicht jedermanns Sache, ein Frau »anzumachen«, man kann sich dabei sehr schäbig vorkommen. Der kultivierte Mann von Welt macht Frauen nicht an, er lernt sie kennen, er kommt mit ihnen ins Gespräch. Das sollte dir immer klar sein: Du machst keine Frauen an, du lernst sie kennen. Auch wenn der Zweck derselbe ist.

Wenn du Frauen ansprechen möchtest, musst du natürlich etwas sagen. Dabei kann man viel falsch machen. Ich gebe dir jetzt ein paar Sätze mit auf deinen Lebensweg, mit denen du jede Frau mühelos in ein Gespräch verwickeln kannst. Was sich aus dem Gespräch dann ergibt, hängt von vielen Einzelfaktoren ab, die keinesfalls in eine kurze Regel gepresst werden können. Wichtig ist aber immer zuerst, dass du Kontakt zur Zielperson aufbaust.

Ein Klassiker, mit dem du im Gedächtnis jeder Frau haften bleibst, geht so: »Hat dir schon mal jemand gesagt, dass du total hässlich aussiehst?« Die Frau wird die Frage mit Sicherheit verneinen. Dann sagst du: »Das glaube ich dir gern, denn du bist wunderschön.«

Sehr effektiv ist auch: »Willst du mich heiraten?« Dann sagt die Frau: »Nein, auf keinen Fall.« Du antwortest: »Ich bin eh schon verheiratet, aber weißt du, wo hier die Toilette ist?«

Mies ist: »Darf ich dir ein Bier spendieren?« Frauen, auch hässliche, glauben immer, dass man ihnen K.-o.-Tropfen ins Glas schüttet, um sie gefügig zu machen. Außerdem ist es teuer, einer Frau etwas zu spendieren. Viel besser und überraschender ist die Frage: »Spendierst du mir ein Bier?« oder »Gibst du mir was aus?«

Die Frau wird dich für einen emanzipierten Mann halten und zumindest über dich lachen.

Klasse ist die Frage nach der Uhrzeit. »Tschuldigung, weißt du, wie spät es ist?« Kaum eine Frau wird sich um die Antwort drücken. Du erwiderst: »Dann haben wir noch eine halbe Stunde Zeit, um uns kennenzulernen.«

Wenn du eine Frau fragst: »Weißt du, wie viel Geld ich jetzt noch habe?«, sagt sie bestimmt: »Nein, ist mir auch ganz egal.« Dann kommt dein großer Auftritt. Du sagst: »Es sind noch genau 3,54 Euro, und die schenke ich dir, weil du so schön bist.« Dann drückst du ihr die Münzen in die Hand und gehst sofort weg, damit sie es dir nicht zurückgeben kann. Sie wird dich dann zwar für einen Verrückten halten, aber das macht nichts, denn normal kennt sie schon.

Der beste Spruch ist »Hallo« oder »Hi« und ein nüchternes Lächeln. Nach dem fünften Bier solltest du auf auswendig gelernte Spezialsprüche verzichten und dich auf deinen Instinkt verlassen oder nach Hause gehen.

REGEL 80

DIE GRILLSAISON BEGINNT AM 1. JANUAR

Heute ist der 28. März und draußen liegt Schnee. Es hat ein Grad plus um die Mittagszeit. Willkommen in Deutschland. Leider hat uns der Klimawandel vergessen. Überall auf der Welt wird es wärmer, nur bei uns wird es immer kälter. Dieses Jahr wird es »Weiße Ostern« geben. Die aus ihrem Winterquartier wiedergekehrten Zugvögel fordern schon ihr Geld zurück. Eine Rauchschwalbe hat mir gerade glaubhaft versichert, dass sie nie wieder nach Deutschland kommen wird.

Wir wohnen nun mal hier. Wir können nicht weg. Wohin soll man als Deutscher auch gehen? Im Süden hassen sie uns. Im Norden ist es noch kälter. Wir gewöhnen uns an das Eskimoleben und essen einfach mehr Schweinebraten. Im Sommer grillen wir Deutschen gern, aber weil es bei uns keinen Sommer mehr gibt, grillen wir jetzt das ganze Jahr über. Kalt ist es sowieso immer. Davon lassen wir uns die Nackensteaks nicht vermiesen.

Die Grillsaison beginnt am 1. Januar. Wir schaufeln uns ein kleines Plätzchen im Schnee frei, stellen Bänke und Biertische auf. In der Thermoskanne wartet Glühwein für die Verschnupften. Die Gesunden trinken tiefgekühltes Bier. In der Mitte der Schneelichtung befindet sich die Grillstelle. Ein schöner Weber-Grill oder etwas mit Gas. Manche machen auch mit Holz und Kohle ein Feuer und hängen den Grill über die Glut. Aus den Plastikpackungen vom Discounter pulen wir unsere 400 Gramm schweren Schweinenackensteaks oder die zu Schnecken gerollten Meterbratwürste. In Bayern gibt es Wammerl (Schweinebauch). Die Bonzen essen T-Bone-Steak oder Rinderlende. Jeder wird satt. Den kleinen Kindern kratzt man das Schwarze ab, damit sie sich keinen Krebs holen, die Alten bekommen Hähnchen- oder Putenfleisch, weil man das besser kauen kann. Wir sind eine lustige Grillnation. Der Schnee lässt uns kalt.

Auch Vegetarier und Veganer grillen. Die braten sich Zucchini und Zwiebeln, Paprika und Maiskolben. Bier trinken die trotzdem. In Deutschland gibt es mehr Vegetarier als Abstinenzler. Man braucht den Alk aber auch gegen die Kälte. Wenn wir uns so richtig vollgefressen haben, gehen wir wieder ins Haus und schalten den Fernseher ein. Da sehen wir Cindy aus Marzahn und Markus Lanz bei *Wetten, dass ..?* und lachen uns schief. Danach erzählen uns die *Tagesthemen*, welches Land wir heute wieder plattgemacht haben, aber da sind wir meistens schon so betrunken, dass wir nicht mehr viel mitbekommen. Kurz vor zwölf geht es in die Koje. Die Nächte sind in Deutschland so bitterkalt, dass man sie besser unter drei Decken und mit Wärmflasche im Bett verbringt.

Weil du mein Sohn bist, weißt du natürlich, wie man einen Grill anmacht. Du weißt auch, wie man eine Bierflasche mit einer Gabel öffnet, wie man ein Steak brät und wie man ein Feuer auf Männerart ausmacht. Muss ein Mann mehr wissen? Eigentlich nicht.

REGEL 81

SPRING VOM ZEHNER

Die Zeit der großen Mutproben ist vorbei. Aber ein Mann muss trotzdem immer wieder beweisen, dass er sich was traut. Das gilt vor allem für junge Burschen. Wenn du deinen Mut zeigen willst, mach keinen Scheiß! Du musst als 14-Jähriger weder den Mount Everest besteigen, noch in München S-Bahn surfen. Spring im Freibad von Zehnmeterturm. Das reicht.

Ich habe mich das ein Mal getraut. Das Schwimmbecken sieht von da oben irre klein aus. Man glaubt nicht, dass man es trifft. Ich stand am Rand des Zehners und sprang nicht, sondern fiel. Mir wurde schwummerig und meine Beine knickten weg, sodass ich tatsächlich zehn Meter durch die Luft flirrte und unten mit einem Megaplatsch aufkam. Das sah bestimmt nicht gut aus, aber vielleicht bist du ja nicht so ein Schisser wie ich, sondern so ein Held wie dein Opa Hermann. Der hat in seiner Jugend doppelte und dreifache Saltos vom Zehner gemacht. Das kam gut an. Es wird auch gut ankommen, wenn du groß bist. Mut kommt immer gut an.

Jungs, die richtig gut vom Zehner hüpfen können, sind Helden. Auch wenn sie noch so krumm aussehen, werden sie bei den Mädchen punkten. Du kannst arm sein oder dick, Zahnlücken und Pickel haben, ein ordentlicher Köpfer vom Zehnmeterturm macht alles wett.

Jetzt müsste es nur noch einen Zehner geben. Ich kenne hier in der Gegend gar kein Freibad mit einem Zehner. Aber zur Not reicht auch ein Dreier, und den gibt es fast überall. Du kletterst forsch die Leiter hoch, stellst dich stramm in Positur und wartest, bis der Heini vor dir die Leiter wieder zitternd nach unten gestiegen ist. Dann stolzierst du bis zur Spitze des blauen Bretts, ziehst mit der rechten Hand noch mal locker den Scheitel zur Seite, konzentrierst dich kurz und beginnst dann zu federn, dreimal, viermal, fünfmal, JETZT, ein starker Sprung, kein Tropfen spritzt nach oben, die Mädchen staunen und fürchten sich schon, weil du so lange unter Wasser bleibst, aber plötzlich tauchst du genau vor ihnen am Beckenrand auf und sagst: »Hi Baby.« Jede wird sich wünschen, dass sie gemeint ist.

Eine unschlagbare Performance. Die Ladys werden dich vergöttern. Du bist der Held der 9b. Ach, man müsste noch mal jung sein. Ich träume mir hier übrigens alles zusammen. Ich selbst war nie ein großer Springer, dafür habe ich auch nicht so viele Mädchen abgeschleppt. Muss aber auch nicht sein. Gute Sprünge vom Zehner, Fünfer oder Dreier kriegt man wahrscheinlich eh nur zustande, wenn man nicht dauernd ans Publikum denkt.

Was? Du meinst, es gibt keinen Sommer mehr? Aber wir haben ja auch Hallenbäder mit Sprungtürmen, Erlebnisrutschen, Außenwasserbahnen, aufblasbaren Piratenschiffen, Dampfsaunas und Pommesbuden. In einem gewissen Alter muss man einfach ins Wasser. Und natürlich musst du schwimmen können. Wenn du mit 17 noch auf Schwimmnudeln durchs Wasser paddelst, kostet das viel Sympathie. Schwimmen ist ganz wichtig. Aber das bringe ich dir schon bei.

REGEL 82

KAUF DIR EIN KNALLROTES GUMMIBOOT

Warum rot? Damit sieht man dich besser, wenn du im Chiemsee zwischen den Seglern paddelst. Am besten, du nimmst Signalrot, vielleicht mit einer neongrünen Aufschrift. Auf hoher See muss man dich sehen können. Dort, aber nur dort, darfst du auffällige Farben verwenden.

Warum ein Gummiboot und keine Hochseejacht? Ja, weißt du, so ein kleines Paddelboot ist viel günstiger und es ist auch gemütlicher. Denn natürlich sollst du nicht allein in See stechen, sondern immer eine kleine Freundin dabeihaben. Auf einer richtig großen Hochseejacht kann man sich leicht aus den Augen verlieren. Dort brauchst du auch immer Personal. Was machst du, wenn der Maat, der Smutje und die drei Leichtmatrosen einfach viel besser aussehen als du? Wenn sie jünger und kräftiger sind und deine kleine Süße das Personal interessanter findet als dich alten Zossel? So ein Gummiboot kannst du dir schon als junger Bursche leisten. Das kostet keine 100 Euro. Darauf hast du mehr Spaß als auf jeder Bonzenjacht dieser Welt.

Ein weiterer großer Vorteil des kleinen Bootes ist seine Verwendbarkeit in Kleingewässern. Eine Hochseejacht braucht die hohe See. Da musst du nach Nizza, Venedig oder an den Jadebusen. Das ist immer sehr aufwendig. Mir war es mit meiner Riesenjacht bald zu viel. Ich habe sie nach zwei Jahren bei eBay verkauft. So große Jachten musst du erst mal transportieren. Das ist eine elende Arbeit. Das Gummiboot knallst du in den Kofferraum deines 3er-BMWs und ab die Post. Damit kannst du an jedem Baggersee Station machen. Und solche Baggerseen haben eindeutig ihren Reiz. Das kannst du mir glauben.

Wenn du auf so einem See mit deiner neuen Freundin herumplätscherst und die ersten Hindernisse beseitigt sind, empfehle ich den Paddeltrick. Irgendwie schaffst du es, das Paddel zu verlieren. Dann müsst ihr draußen bleiben. Das Mädchen bekommt leise Panik und schmiegt sich an dich. Oder du spielst den Helden und springst ins Wasser, um das Paddel zu holen. Das kommt gut an. Außerdem bist du dann nass und musst dich ausziehen.

Okay, so ein kleines rotes Gummiboot ist nicht so bequem wie das Fünf-mal-fünf-Meter-Wasserbett in der Jacht. Das stimmt schon. Und womöglich wirst du echte Luxusfrauen auch nicht dazu bewegen können, mit dir in so eine Quietscheente zu steigen. Zur Not kannst du auch dein Angelzeug mitnehmen und allein in (den) See stechen. Da hast du deine Ruhe. Fahr immer am Samstagnachmittag um halb vier raus. Nimm ein Radio mit und hör dir auf Bayern 1 Fußball an. Das geht auch.

Natürlich kann das Gummiboot auch gelb sein. Wenn du willst, nimm Orange oder Grün. Es muss auch nicht unbedingt aus Gummi sein. Ein Boot aus Holz ist auch gut. Nein, ein Tretboot wäre nichts, damit gerät man so leicht in Seenot, außerdem geht dir das dauernde Treten auf die Knie und auf den Sack. Und logisch: Wenn du ein Bonze bist, kaufst du dir eine gescheite Jacht. Ich habe vorhin geschwindelt. Natürlich hatte ich nie eine Jacht und auch kein Gummiboot. Aber du kannst ja aus meinen Fehlern lernen.

REGEL 83

SEI FREUNDLICH ZU JOURNALISTEN

Bestimmt wirst du später berühmt und musst Journalisten Rede und Antwort stehen. Das ist überhaupt nicht abwegig, denn schon heute wird jeder irgendwann berühmt und muss das tun. Und der Trend verstärkt sich. Der großartige blonde Künstler Andy Warhol sagte ja schon vor Jahrzehnten voraus, dass in der Zukunft (also heute) jeder 15 Minuten lang weltberühmt sein würde. Im Zeitalter des Internets geht das ganz leicht. Viele Menschen sind sogar 20 Minuten oder drei Tage lang berühmt. Es ist sehr wahrscheinlich, dass du es auch sein wirst.

Und stell dir vor: Du wirst auch dann von Journalisten umstellt sein, wenn du nicht berühmt bist, denn fast jeder ist heute Journalist. Es gibt eine regelrechte Journalistenschwemme. Ich habe etwa 34.000 Journalisten in meinem engeren Bekanntenkreis. Das sind alles Typen, die etwas mit Medien machen wollten und das nun im Internet tun. Sie kommentieren fachgerecht jede meiner Bewegungen und Gesten. Gestern habe ich zum Beispiel einen Pfefferminztee getrunken, heute tobt das Netz. Meine Journalistenfreunde machen sich Sorgen, dass ich einen Schnupfen haben könnte. Und weißt du was? Ich habe tatsächlich einen Schnupfen. Schon wieder. Dieser Winter 2013 ist unendlich.

Auch außerhalb des WWW gibt es Journalistenschwärme im Zehnerpack. Am Samstag in der Disco küsste ich eine dicke Frau, die mir gänzlich unbekannt war. Da blitzte es von allen Seiten. Millionenfach leuchteten die Fotohandys. Im Blitzlichtgewitter sah ich erst, dass die dicke Frau schon viele Falten hatte und außerdem die Freundin meines Opas war. Ich bin dann schnell nach Hause. Überall Journalisten, überall Presse, überall das Große Auge des Fetten Bruders. Da gibt es nur eins: freundlich sein und lächeln.

Als ich jung war, hatte ich kaum Kontakt zu Journalisten. Ich sah sie ab und zu in der *Tagesschau* und las ihre kleinen ungelenken Texte in der Lokalzeitung. Aber heute, hui, da ist die Presse überall. Und wehe, du benimmst dich falsch. Wehe, du putzt dir auf offener Straße die Nase oder hast nicht die passenden Schuhe zum Jackett an. Au, dann rumpelt und donnert es im Medienland. Dann kommt der sogenannte Shitstorm, der Aufruhr der neuen Medienschaffenden. Nein, das Wort »Shitstorm« möchte ich nicht übersetzen. Nur so viel: Es trifft den Sachverhalt ganz gut.

Also Junge: Sei lieb und freundlich, wenn das Auge der Welt auf dich gerichtet ist. Sei also immer lieb und freundlich. Aber nur nach außen. Innerlich kannst du verachten und verlachen, was und wen du willst. Die Gedanken sind frei. Merk dir das dein Leben lang. Du brauchst heute nur mehr Maske als früher. Aber darunter bist und bleibst du so wild wie all deine wilden Vorfahren.

REGEL 84

BESCHMIERE KEINE WÄNDE

Heute ist alles Kunst, von der Nagelschere bis zum Kothaufen. Es gibt Leute, die ein gesprühtes Pimmelzeichen am Rathaus als künstlerisch empfinden. Zu denen gehöre ich nicht. Ich finde Wandschmierereien und schlechte Graffiti blöd. Deswegen heißt diese Regel: Beschmiere keine Wände. Besprühe keine U-Bahn-Wagen, lass die Wände der Klokabinen in Ruhe, verschone Mauern, Häuser und Fenster mit deinen Einfällen. Wenn du Künstler werden willst, dann werde es. Schmierfinken sind keine Künstler.

Es gibt ab und zu schöne Motive an Hauswänden und Mauern. Das sind aber immer Bilder, die nicht heimlich in einer Nacht-und-Nebel-Aktion entstanden sind, sondern offen einsehbar bei Tageslicht. Die Kritzeleien, die schnell hingeworfenen Buchstabenkombinationen, die krummen Symbole, die plump gepinselten Frechheiten sind tatsächlich das, was sie auch vor dem Gesetz sind: Sachbeschädigung.

Es gibt Städte, in denen man es aufgegeben hat, die Schmierereien zu entfernen, weil sie sowieso jede Nacht erneuert würden. Das sind verlorene Städte. Stadtviertel, in denen alle Hauswände beschmiert und besprüht sind, kannst du vergessen. Dort regieren die Mutlosigkeit, die Armut und die Gewalt. Schlecht besprühte Wände sind ein Zeichen des Niedergangs. Es gibt Menschen, die sich nach dem Niedergang sehnen. Die mögen solche Wände.

Bestimmt findest du diese Regel auf den ersten Blick spießig. Es ist doch so cool, überall seine Farbabdrücke zu hinterlassen. Ein unbesprühtes Haus sieht langweilig aus. Alles, was ordentlich und sauber wirkt, ist heute verdächtig. Schließlich muss man dem Zeitgeist folgen und das cool finden, was die großen urbanen Denker cool finden.

Beschmierte Wände riechen nach Chaos und Armut. In weiten Teilen Europas herrschen zurzeit Chaos und Armut. Niemand wünscht sich, dass diese Zustände auch bei uns Wirklichkeit werden. Lass es einfach sein. Mal ein geiles Bild mit Ölfarben auf einer Leinwand. Bau etwas zusammen. Mach eine Videoinstallation. Mach Aktionskunst. Mach es vor allem richtig: Wenn du malst, dann nicht heimlich und versteckt, sondern offen und unverhüllt. Mit richtiger Kunst kannst du Geld verdienen, wilde Sprühaktionen bringen nur Stress durch Schlafmangel.

REGEL 85

SCHNARCHENDE MÄNNER

Männer schnarchen. Das ist leider so. Viele Frauen sind davon unendlich genervt. Manche gewöhnen sich daran, die meisten machen aber jede Nacht Terror. Es ist ungemütlich, wenn man um zwei Uhr morgens den Ellenbogen der Frau in die Seite bekommt. Man wird panisch, wenn sie einem heimtückisch die Nase zuhält. Es nervt, wenn man in aller Herrgottsfrühe mit einer Bratpfanne bearbeitet wird. Schnarchen kann zum Problem werden.

Ich will dir kurz erklären, wie jeder Mann gegen sein Schnarchen etwas tun kann. Allerdings sind es harte Maßnahmen. Nummer eins: Trink keinen Alkohol. Die allermeisten Penisträger schnarchen nur, wenn sie sich am Abend vier Bier hinter die Binde gekippt haben. Sie sind dann so entspannt, dass sie ihren Gaumen nicht mehr im Griff haben und nachts den halben Amazonas-Regenwald abholzen. Nummer zwei: Nimm ab. Übergewicht lässt einen auch schnarchen. Warum das so ist, weiß ich nicht.

Zwei kleine Tricks. Gar nicht schwer. Es gibt auch Frauen, die schnarchen. Die trinken oder sind dick oder beides.

Ganz wenige Männer schnarchen aus anatomischen Gründen. Bei denen stimmt irgendwas mit dem Gaumensegel nicht. Die können sich operieren lassen.

Schnarchen muss also nicht sein, trotzdem sägen viele Männer, weil kaum einer auf Bier und Braten verzichten will. Wie du das regelst, musst du selbst entscheiden. Wenn du allein lebst, ist es ganz egal, wie laut du in der Nacht bist. Wenn deine Frau schnarcht, hat sie kein Recht, dich zu kritisieren, und wird es auch nicht tun. Wenn du eine nichtschnarchende Frau hast, die dein Schnarchen nicht stört, hast du großes Glück, denn solche Frauen gibt es kaum.

In den meisten Fällen wird sie dir deine nächtlichen Geräusche übel nehmen. Dann gibt es immer noch die Möglichkeit der getrennten Betten. Viele Ehen finden in getrennten Betten statt. Das ist gar nicht so schlecht, wie es sich für einen jugendlichen Romantiker zunächst anhört. Jeder hat seine Ruhe und wacht am Morgen ausgeschlafen auf. Dadurch sind beide Partner viel besser gelaunt und streiten sich weniger. Ihr könnt euch in der Nacht ab und zu besuchen, mal du zu ihr, mal sie zu dir, das hat auch seinen Reiz. Irgendwann wird euch das getrennte Schlafen zu blöd. Ihr kommt euch schnarchtechnisch näher. Du trinkst weniger und sie wird toleranter. Am Schnarchen des Mannes sollte keine Beziehung scheitern.

REGEL 86

SO WIRST DU 100

Ein langes Leben wünscht sich jeder. Auch du hast bestimmt schon oft gedacht, dass du gern 100 Jahre alt werden willst. Ich sage dir in dieser Regel, wie das geht. Pass gut auf!

Wer 100 werden will, muss sich sein ganzes Leben lang schonen. Er darf nicht rauchen, nicht saufen, nicht zu viel arbeiten, sich nicht über jeden Scheiß aufregen, nicht so viel rumrennen, nicht so viel denken, nicht so schnell leben.

Das schaffst du am leichtesten, wenn du reich bist. Wer mit 30 schon ein paar Millionen auf dem Konto hat, kann sehr alt werden, weil er nicht mehr zum Arbeiten gezwungen ist. Arbeit macht alt. Wenn du jeden Monat nur ganz knapp über die Runden kommst, obwohl du ständig schuftest, kannst du nie und nimmer 100 Jahre alt werden. Du solltest also möglichst bald darüber nachdenken, wie du sehr schnell sehr reich werden kannst, ohne dich zu überarbeiten.

Auch eine Familie zehrt an deinen Kräften. Wenn du eine Frau und fünf Kinder hast, wirst du deinen 100. Geburtstag wohl im Himmel feiern müssen. Bleib allein, bemüh dich nicht um Frauen, vergiss deinen kleinen Mann, werde asexuell. Das ist das beste Schonprogramm.

Wer nicht arbeiten muss und keinen Familienstress hat, braucht auch keine Drogen. Am Abend trinkst du einen schönen Mate-Tee oder Vollmilch vom Bio-Bauern. In den Morgen startest du mit frisch gepresstem Orangensaft. Zu Mittag isst du einen kleinen Salat. Dazu gibt es ein Stück Rinderfilet und eine gebratene Paprika.

Du liest die guten Zeitungen und informierst dich über die angesagtesten Kunstausstellungen. Am Montag bist du in New York, am Freitag in Miami, dann geht es nach Paris und Basel, Venedig und Berlin. Dein Leben widmest du der Kunst. Du bist immer auf Reisen und trägst einen roten Seidenschal. Deine Brille hat ein dunkles Gestell. Deine Haut sieht aus wie die eines Zwölfjährigen, obwohl du schon 50 bist. Vielleicht handelst du mit Kunst. Da wird man schnell reich, wenn man es kann. Und wenn du reich bist, hast du weniger Stress und wirst medizinisch besser versorgt. Da kannst du uralt werden. 100 Jahre! Beneidenswert!

Und denk nicht so viel nach. Regierungen kommen und gehen. Mit denen legst du dich niemals an. Halte immer Distanz zur Politik. Dann hast du keine Feinde. Wenn du irgendeinem Regime zu nahe stehst, könnte man es dir später als Fehler auslegen. Schreib auch keine kritischen Bücher. Schreib gar nichts. Geh nicht in die Medien. Dort verdienst du nichts und bekommst nur auf den Deckel. Werde Nichtdenker. Das schont die Nerven.

Wenn du dann 100 bist, herzlichen Glückwunsch! Dann hast du es geschafft und blickst auf ein entspanntes Leben zurück. Aber steck nicht 100 Kerzen auf deinen Geburtstagskuchen, sonst brauchst du fürs Ausblasen deinen letzten Atem.

REGEL 87

RICHTIG NIESEN

Mein Opa schrie immer »Hilf Gott«, wenn er mit 134 Dezibel nieste. In meiner Generation hingegen gibt es Männer, die sich beim Niesen die Nase zuhalten und dabei piepsen wie kleine Mädchen. Wie konnte das passieren? Ist Niesen etwas Unanständiges geworden? Du solltest jedenfalls weiterhin laut und deutlich niesen, damit dich niemand mit einem Goldhamster beim Geschlechtsverkehr verwechselt.

Es ist ungesund, sich beim Niesen die Nase zuzuhalten. Der Rotz will raus. Die Eruption will gehört werden. Leises Niesen ist schlimme Unterdrückung. Wer leise niest, ist auch sonst ein leiser Typ. Und was will man mit Leisetretern in einer Welt voller Krach?

Wenn du merkst, dass es losgeht, halte ein Taschentuch bereit, damit du nicht mit Rotzglocken im Bart herumlaufen musst. Nies in eine möglichst menschenleere Richtung. Deine Bakterien solltest du anderen nicht direkt ins Gesicht schleudern. Trotzdem musst du ordentlich niesen, damit du den Dreck auch loswirst.

Wenn dir jemand nach dem Niesen Gesundheit wünscht, bedank dich. In neueren Benimmbüchern heißt es zwar, dass man das Niesen anderer Leute am besten gar nicht kommentiert, aber was soll das? Jeder freut sich, wenn man ihm Gesundheit wünscht.

»Warum rülpset und furzet ihr nicht? Hat es euch nicht geschmacket?« Der Spruch stammt von Martin Luther, dem großen menschenfreundlichen Erfinder der evangelischen Kirche. Furzen und rülpsen? Hier solltest du dich etwas zurückhalten.

In Gegenwart anderer Leute solltest du möglichst gar nicht furzen, auch nicht leise. Manchmal lässt es sich aber nicht vermeiden. Dann schaust du am besten vorwurfsvoll auf deinen Nebenmann. Wenn dir im Fahrstuhl ein Furz herausrutscht, musst du damit rechnen, dass man dich für eine Wildsau hält. Falls du nicht der Chef des Betriebes bist, kann sich das negativ auswirken. Es kann auch passieren, dass du beim Sex furzt. Daraus werden dann die berühmten One-Night-Stands.

Rülpsen muss man können. Man pumpt Luft in den Körper und los geht's. Mit spätestens 15 hast du das drauf. Da ist es auch noch cool. Bei Erwachsenen ist Rülpsen nicht mehr gern gesehen. Was soll man auch jemandem wünschen, der laut rülpst? Manche sagen: »Erzähl mehr von zu Hause«, aber das ist dann abfällig gemeint.

Du solltest als Erwachsener auch nicht mehr ausspucken. Das dürfen nur Männer in Jogginghosen, Rocker und Fußballmillionäre. Frauen hinterherpfeifen darfst du nur als Bauarbeiter. Uns Männern ist nicht mehr viel erlaubt. Wenigstens das laute Niesen sollten wir beibehalten.

REGEL 88

HOCK NICHT AUF DEINEM GELD

Das beste Mittel gegen soziale Ungleichheit ist das Prassen. Wer reich geworden ist, sollte sein Geld unter die Leute bringen, sollte verschwenderisch leben und prassen, bis er nichts mehr hat. Dann wäre die Welt in Ordnung. Aber heute sind die Reichen so ängstlich, dass sie ihren Reichtum verstecken. Sie fahren kleine Autos, kleiden sich wie graue Mäuse und machen Urlaub auf dem Bauernhof, während ihr Geldberg immer weiter wächst. Das ist in höchstem Maße ungerecht. Ein Reicher sollte rauschende Feste geben, in Saus und Braus sein Geld auf den Kopf hauen, sich lautstark vergnügen und Heerscharen von Menschen beschäftigen.

Halte dich an diese Regel, wenn du ein Reicher wirst. Frag dich: Warum bist du reich geworden? Doch nicht, um zehn Millionen auf der Bank liegen zu haben, sondern um Hummer zu essen und Schampus zu saufen. Man wird reich, um reich zu leben. Wenn das Geld auf der Bank liegt, hast du gar nichts davon. Außerdem wird es vom Staat eingezogen, wenn deine Bank in Schwierigkeiten gerät. Das ist vollkommen richtig. Das Geld gehört in die Hand der Menschen, nicht in die Banktresore.

Falls du im Lauf deines steilen Aufstiegs kleinherzig und fantasielos geworden bist, hier ein paar Anregungen für exorbitantes Prassen:

Werde exzentrisch. Das ist immer gut. Bau dir einen chinesischen Palast mitten in deiner Heimatstadt. Mal ihn golden an, setz bunte Hähne auf die Zuckerbäckertürmchen und mach aus deinem Garten ein begehbares Biotop.

Feiere jeden deiner Geburtstage mit 500 Leuten im teuersten Saal der Umgebung. Miete Tänzerinnen und Tänzer, Sänger aus den Charts, lass Akrobaten auftreten, Ochsen braten, Barolo aus

30-Liter-Fässern ausschenken, stell auf die Tische Gläser mit teuren Zigarren, schenk jedem Besucher ein goldenes Feuerzeug, servier zum Nachtisch eine Riesentorte, aus der vorher die aktuelle Miss World gestiegen ist. Das wird nicht nur Spaß machen, sondern auch deinem Ruf als Wohltäter guttun.

Verschenk Blumen. Ich habe mal gelesen, dass der Sänger Elton John jedes Jahr über 50.000 Dollar nur für Blumengeschenke ausgibt. Übertrumpfe den Betrag. Gib 100.000 Dollar für Blumen aus. Blumen sind etwas sehr Schönes.

Kauf dir 20 Autos, 100 Paar Schuhe, Wohnungen auf jedem Kontinent, kauf dir Jachten, Raketen, Mondfahrzeuge, Schiffe, Regierungen, Fernsehsender. Es bringt nichts, wenn du ein heimlicher Reicher bist, ein Inkognito-Bonze. Du wolltest reich werden, dann steh dazu. Werde der größte Prasser, der je auf Erden gelebt hat. Zeig den Menschen, dass Reichtum nichts Schlechtes ist, sondern eine Wolke, aus der es warmes Geld regnet.

REGEL 89

SEI NICHT NACHTRAGEND

Es kommt immer wieder vor, dass dich ein Mensch beleidigt, verletzt, betrügt oder beschimpft. So ist das Leben. Wir müssen miteinander auskommen. Das klappt nicht immer. Es gibt Reibereien und Unfälle aller Art. Du kannst dir ein Elefantengedächtnis zulegen und dir alles merken, was man dir je angetan hat. Je älter du wirst, desto mehr Speicherplatz muss dein Hirn für diese Dinge bereitstellen. Besser ist: Du reagierst auf jede Kränkung mit einem kleinen Racheakt und vergisst die Sache dann.

Sei nicht nachtragend. Das ist sehr wichtig. Nachtragende Menschen können dir den schönsten Sonnentag versauen. Man muss vergessen können und verzeihen. Neues Spiel, neues Glück. Was war, kann niemand ungeschehen machen.

Deine Frau hat dich betrogen, deine Mutter dich geohrfeigt, ein Mercedesfahrer hat dir vor zehn Jahren die Vorfahrt genommen und dich vier Tage ins Koma geschickt – reite nicht zu lange darauf rum. Niemand hat das gern getan. Es ist passiert. Es gab Entschuldigungen. Du hast dich gerächt. Vergiss diese Dinge und schau in die Zukunft.

Geh aber nicht davon aus, dass auch dir jeder Mensch alles verzeiht. Die Nachtragenden sind zahlreich. Sie halten vieles für unverzeihlich. Dabei kann man alles verzeihen, wenn man nicht nachtragend ist. Man braucht dazu Liebe und Verstand.

Es gibt Tugenden, über die du verfügen solltest, weil sie dein Leben erleichtern und verschönern. Die Fähigkeit, verzeihen zu können, ist eine solche Tugend. Es gibt aber noch einige andere Tugenden, die in diesem Regelwerk ebenfalls vorgeschrieben werden. Das Wort »Tugend« ist zur Zeit völlig aus der Mode. Wenn du groß bist, wird es sicher wieder mehr in Gebrauch sein als heute.

Die jetzige Zeit ist tugendvergessen. Sie gibt auch nicht viel auf den Charakter eines Menschen. Das Wort »Charakter« habe ich schon seit Jahren nicht mehr in der Zeitung gelesen. Menschen sind heute grundsätzlich gut und unschuldig. Charakterliche Schwäche gibt es offiziell gar nicht mehr. Dass sich ein Mensch möglicherweise aus charakterlicher Schwäche in eine unmögliche Lage manövriert hat, wird heute nicht mehr thematisiert. Wenn es einem Menschen oder einer ganzen Gruppe schlecht geht, wird die Schuld immer woanders gesucht, niemals bei den Menschen selbst.

Wer auf diesen blinden Fleck öffentlich hinweist, muss mit starker Kritik rechnen. Das ändert aber nichts daran, dass es nach wie vor Tugenden gibt, dass Menschen einen bestimmten Charakter haben, den sie stärken können, wenn sie es wollen. Der Charakter ist nichts Festgefügtes. Er ist nicht angeboren und unveränderbar. Der Charakter ist formbar, auch in späteren Lebensjahren. Du sollst einen guten Charakter haben. Dann ist vieles andere völlig egal.

REGEL 90

BLEIB SAUBER

Es war einmal vor langer, langer Zeit, da wünschten sich erwachsene Männer zum Abschied ein grobes: »Sauber bleiben, gell!« Diesen Gruß hört man heute nicht mehr. Wahrscheinlich ist er obsolet geworden, weil sowieso keiner mehr sauber bleibt. Es gibt zu viele Möglichkeiten, sich im Schmutz zu wälzen. Nicht nur das Internet bietet uns Schlamm und Schleim, auch laxe Steuergesetze und eine Politik, die jeden Übeltäter raushaut, wenn er einen Anzug trägt und sich morgens duscht, machen uns anfällig für Schweinereien. Auch wenn es heute nicht mehr üblich ist, gebe ich dir trotzdem diesen Rat mit auf deinen Lebensweg: Bleib sauber, Junge! Mach keinen Scheiß!

Weißt du überhaupt, was ich meine? Sauber bleiben? Da denkst du vielleicht an den Dreck aus dem Sandkasten, an schmutzige Hände vom Buddeln nach Steinchen, an Flecken auf der Matschhose. Das ist nicht gemeint. Du kannst dich gern jeden Tag von Kopf bis Fuß mit normalem Schmutz dreckig machen. Es gibt Waschmaschinen und Abfalleimer. Normaler Dreck ist etwas Wunderbares.

Aber es gibt auch Dreck, den man nicht sehen kann. Es gibt Leute, die sehen absolut sauber aus, ihr Anzug sitzt, sie duften nach teurem Parfum, die Frisur ist perfekt, sogar die Augenbrauen machen einen passablen Eindruck. Trotzdem sind diese Typen die allergrößten Schmutzfinken. Wie kann das sein? Sie sind kriminell. Zum Beispiel Bankbetrüger, Steueroasenheinis, Waffenschieber, Drogendealer, Menschenhändler, Kinderpornografen oder Organschieber. Du siehst es den Leuten nicht an. Nur sie selbst und ihre zwielichtigen Freunde wissen, dass sie in Wahrheit üble Dreckspatzen sind. Dieses Wissen macht die Schmutzigen sehr traurig. Man wird depressiv, wenn man nicht sauber bleibt.

Die Kriminalität ist die eine Sache, eine andere ist das eklige Zeug, die ekligen Tätigkeiten. Jeder Mensch weiß, was eklige Tätigkeiten sind. Man spricht nicht gern darüber. Lass diesen Ekelkram weg. Bleib sauber, dann geht es dir besser.

Und dann gibt es noch den Betrug, der nicht wirklich kriminell, sondern nur schäbig ist. Möchtest du, dass deine Frau hinter deinem Rücken mit mehreren anderen Männern schläft und dir dann nach der Scheidung pro Monat 1.500 Euro aus den Rippen leiert? Du möchtest es nicht? Kein Mann will das. Es kommt trotzdem vor und es ist völlig legal. Kein Gesetz verbietet dir, deine Frau nach Strich und Faden zu betrügen. Tu es trotzdem nicht. Bleib sauber.

Jetzt müsstest du wissen, was gemeint ist. Jetzt verstehst du auch, warum Menschen, die dreckig aussehen, trotzdem sauber sein können. Es gibt eine Sauberkeit, die nicht sichtbar ist. Von der ist hier die Rede. Lass dich nicht blenden von sichtbarer Sauberkeit. Viel wichtiger ist die unsichtbare Sauberkeit. Nur auf die kommt es letztlich an.

REGEL 91

DU MUSST KRITIK VERTRAGEN KÖNNEN

Angenommen, du spazierst in ein Lokal, in dem gerade ein Weltrekord im Dominosteinaufstellen versucht wird. Du kommst rein: »Hallo« – laut und tollpatschig wie immer. »Hey, was macht'n ihr hier?« Und schon ist es passiert. Du latschst mitten in die Gefahrenzone, die Steinchen fallen um, die Arbeit von vier Tagen ist umsonst getan worden. Scheiße. Man wird mit dir schimpfen.

Deine Frau hat gerade den Küchenboden gewischt, du redest und redest, mit Händen und Füßen, und knallst ein Glas mit Traubensaftschorle auf den Boden. Das gibt Geschrei. So viel ist sicher.

Dein erster Job führt dich in eine Großküche. Dort wird edel für die Gäste der Bayreuther Festspiele gekocht. Du sollst die Küche putzen. Da siehst du ein riesiges Becken mit tausend Knochen darin. Mit Zwiebelchen und Karotten. Alles voller brauner Brühe. Na warte, denkst du, jetzt wird geputzt. Du kurbelst das Becken nach unten. Die Brühe läuft auf den Boden in den Abfluss. Da kommt ein Koch wild schreiend auf dich zu, denn das, was du da gerade ausgießt, war seine Soße. Er war den ganzen Tag mit dem trüben Saft beschäftigt.

Man wird dich oft ausschimpfen, anscheißen, zur Sau und zur Schnecke machen, dir eins auf den Deckel geben und dich kritisieren. Das ist normal. Das musst du aushalten können.

Stell dir vor, du wirst Schriftsteller. Du schreibst, was du denkst, was du für richtig hältst, was dir eben so einfällt. Es ist nicht ganz unwahrscheinlich, dass du damit Anstoß erregst, dass dich die Kritiker in der Luft zerreißen. Cool bleiben. Das ist der Job. Das gehört dazu. Das musst du an dir abperlen lassen wie eine Stockente das kalte Seewasser im Herbst.

Selbst wenn du ein ganz braver Bubi werden solltest, der alles immer jedem recht machen möchte, der nie eine eigene Meinung hat und immer nur gehorcht, wird man dich ganz übel ausschimpfen. Warum? Weil du dann ein Opfer bist, das sich niemals wehrt. Einige Menschen sind so frustriert und böse, dass sie solche Opfer gern quälen.

Kritik gehört zum Leben wie schlechtes Wetter und der Tod. Es ist nicht schön, wenn man mit dir schimpft, aber: Take it easy, Baby. Spiel nicht den Beleidigten. Geh nicht an die Decke. Schmeiß die Flinte nicht ins Korn. Versuch zuzuhören. Oft ist die Kritik berechtigt. Du kannst aus ihr etwas lernen. Sollte die Kritik unberechtigt sein, hast du das Recht, lautstark darauf hinzuweisen.

Streit, Vorwürfe, Anfeindungen gehören zu einem abwechslungsreichen Leben. Wenn du nicht kritisiert werden willst, musst du ein Baby-Eisbär im Berliner Zoo oder ein Hundewelpe werden. Aber das geht nicht so ohne Weiteres.

REGEL 92

WERDE KEIN HAUSTYRANN

Kennt deine Generation noch diesen Begriff? Ein Haustyrann ist ein Mann, der zu Hause den großen Macker spielt. Zu Hause reißt er sein großes Maul auf, schimpft, gibt an, droht, macht einen auf dicke Hose, aber sobald er draußen ist, wird er zum zahmen Kätzchen, das jeden freundlich grüßt und kein Wässerchen trüben kann.

Frag mich nicht, woher ich über Haustyrannen so gut Bescheid weiß. Nur so viel: Du könntest auch einer werden.

Jeden Abend bei der *Tagesschau* kommt der Haustyrann in seinen Hausschuhen ins Wohnzimmer getappt und stellt sich vors TV-Gerät. Der arme Nachrichtensprecher weiß gar nicht, wie ihm geschieht. Er liest nichtsahnend seine kleinen Meldungen vor, die lieben Korrespondenten berichten in dürren Sätzen von der Welt da draußen. Aber der Haustyrann grölt und donnert. Das ist falsch und dem müsste man mal. A… und A… Die gehören doch alle … Wenn ich was zu sagen hätte … Diese D… und A…!!! Man kann die Sätze des Haustyrannen nicht mal in einer so lockeren Publikation wie dieser hier wortgetreu wiedergeben. Manches darf die privaten vier Wände einfach nicht verlassen.

Wie viele Ehefrauen und Kinder müssen ihr Dasein in unmittelbarer Nähe eines Haustyrannen fristen? Diese armen Würstchen meinen, sich zu Hause aufplustern zu müssen, um ihrer Souveränität Ausdruck zu verleihen. Der wirklich Souveräne aber ist zu Hause ein lieber Junge und draußen ein wilder erfolgreicher Mann.

In Zeiten der totalen Überwachung durch Kameras und Polizisten, Nachbarn und Security wird man zum Leben als Haustyrann geradezu gezwungen. Wo soll man denn die Sau noch rauslassen? Nicht mal mehr im Fußballstadion kann man einen auf Hulk machen. Es geht nur noch zu Hause. So denkt der Haustyrann. Aber das stimmt nicht.

Das Leben draußen bietet genug Möglichkeiten, sich zu beweisen. Das wird auch noch so sein, wenn du alt bist. Du sollst nicht zu Hause den großen Macher spielen, sondern draußen vor der Tür. Verschon deine Familie. Bring keinen Unfrieden in die kleine Hütte, sondern lieber in den großen Palast. Der Platz für Macher, Revolutionäre und andere Helden ist nicht das eigene Wohnzimmer, sondern die Öffentlichkeit. Und zwar nicht die anonyme Internetöffentlichkeit, sondern der freie Platz, die Straße, der Stadtpark, das Fernsehen, das Radio, die Zeitung und das Parlament.

Übrigens musst du nicht unbedingt ein Held werden. Weder zu Hause noch in der Öffentlichkeit. Heldentum ist eigentlich nur etwas für unbefriedigte Spinner. Vielleicht sind die eigentlichen Helden dieser Welt diejenigen, die ihr kleines Glück still genießen und gar keine offiziellen Helden werden wollen, weil sie auch so schon ganz zufrieden sind. Haustyrannen sind jedenfalls keine Helden, soviel ist sicher.

REGEL 93

DER CHOLERIKER HAT'S SCHWER

Müssen Choleriker rauchen? Früher, als die Menschen noch nicht so schlau waren wie heute, gab es eine Zigarettenwerbung für HB. Das sogenannte HB-Männchen wurde in zahlreichen Situationen gezeigt, die großen Stress für das Männlein bedeuteten. Das HB-Männchen ging regelmäßig vor Ärger in die Luft, dann gab es die Beruhigungszigarette von HB und das Männchen war wieder ganz cool und freundlich. Mittlerweile weiß man, dass das HB-Männchen in Wirklichkeit einfach nur nikotinsüchtig war. Übrigens ist es vor wenigen Jahren an Fettleibigkeit gestorben.

Also: Nein. Du musst nicht rauchen, wenn du ein Choleriker bist. Du musst auch nicht in Unmengen Essen vertilgen oder auf einen Boxsack einprügeln, um deinen Ärger loszuwerden. Du musst einfach nur diese Regel durchlesen und kapieren. Dann wirst du nie wieder cholerisch.

Erstens: Es lohnt sich nicht. Du brauchst dich nicht aufzuregen. Du musst nicht schreien. Wer schreit, hat unrecht und sieht komisch aus. Schreien verändert nichts, es macht nur schlechte Stimmung. Wenn dich etwas furchtbar ärgert, sag das in einem normalen Ton. Sag, dass es dich furchtbar ärgert. Sag, dass du jetzt am liebsten laut schreien würdest, aber schrei nicht wirklich. Das ist viel wirksamer als jeder animalische Dschungelbrüller am Sonntagnachmittag.

Zweitens: Es gibt kein Zweitens. Du hast das Geheimnis schon kapiert. Die Regel ist schon beendet. Wir können den Platz nutzen, um über etwas völlig anderes zu plaudern.

Hey, was ist denn los? Dein Kopf läuft ganz rot an, deine Augen quellen hervor, man sieht Adern an deinem Hals hervortreten und jetzt brüllst du irgendwas, hey, ich versteh dich gar nicht mehr.

Was? Ach so, du hast es doch noch nicht ganz verstanden. Dann noch mal zum Mitschreiben:

DU SOLLST SAGEN, WAS DICH STÖRT, IN EINEM NORMALEN TON. DU SOLLST NIEMALS HERUMSCHREIEN WIE VON DER TARANTEL GESTOCHEN.

Was? Dich hat wirklich eine Tarantel gestochen? Solche Spinnen gibt's bei uns doch gar nicht. Eine echte Tarantel? Okay, das ist etwas anderes. Komm, ich schmier dir ein bisschen Gel auf den Stich, dann geht es wieder.

Fazit: Schreien darf man nur, wenn man wirklich große Schmerzen hat. Richtige Schmerzen. Wenn dein Vorderreifen platt geht oder deine Tochter ein Glas umschüttet, darfst du nicht schreien. Denn das tut dir ja nicht weh, oder?

Für nicht bekehrbare Choleriker gibt es Psychologen und bestimmte Pillen oder den Herzinfarkt mit 48.

REGEL 94

PFEIF AUF DIE GROSSSTADT

In manchen Entwicklungsländern gibt es tatsächlich nur in Großstädten Arbeit und Brot. In solchen Ländern ist das Landleben gleichbedeutend mit Hunger und Armut. Du bist glücklicherweise nicht in einem dieser bedauernswerten Länder geboren. Bei uns musst du nicht in die Großstadt ziehen, um anständig leben zu können. Im Gegenteil.

In deutschen Großstädten ist das Leben nicht nur teurer, gefährlicher und anstrengender als auf dem Land, man bekommt dort auch keine gescheiten Schweinshaxn auf den Teller. Ich werde dir jetzt ein paar Münchner Geschichten erzählen, die du in einem normalen Stadtführer niemals lesen wirst.

Eine enge Verwandte hat sich tatsächlich getraut, in München ein Kind zur Welt zu bringen. Doch sie bekommt in der deutschen Single-Hauptstadt keinen Orden umgehängt, sondern finanzielle Lasten aufgebürdet, die es in sich haben. Weil sie arbeiten muss, braucht sie einen Krippenplatz für ihr Kind. Weißt du, was der im Monat kostet? 780 Euro. Im Monat! Weißt du, wie oft kleine Kinder krank sind und gar nicht in die Krippe gebracht werden können? Weißt du, wie lange man Möbel schleppen muss, um auf 780 Euro zu kommen? Ganz schön teuer, so ein Krippenplatz, was?

Wenn du in München abends ausgehen willst, musst du entweder in die Kneipe nebenan gehen oder mit der U-Bahn fahren. Auf der Hinfahrt bist du noch nüchtern. Kein Problem. Aber fahr mal in München um zwei Uhr morgens stockbesoffen U-Bahn. Da musst du schon gut aufpassen, dass du nicht auf die Gleise taumelst. Besser ist es, mit dem Taxi zu fahren. Ein Ausgehabend in München kostet dich locker 150 Euro. Wenn du großes Glück hast, musst du nur ein paar Stunden Schlange vor den angesagten

Clubs stehen. Um da drin nicht auszusehen wie Beppo von den Abruzzen, musst du ordentlich gekleidet sein. Das kostet.

Mein lieber Mann, in München musst du 27 Stunden am Tag arbeiten, um acht Stunden leben zu können. Weil das nicht geht, sind die meisten Münchner selbst sehr arm und gehen kaum aus. Im Sommer sitzen sie mit Dosenbier auf den Wiesen der Stadt, weil sie sich keinen Café-Besuch leisten können. München ist in der Hand der Bonzen-Schickeria und deren Kindern. Ansonsten können in München nur Leute groß aufspielen, die nicht selbst in München wohnen, sondern zum Beispiel in Neuötting, wo das normale Leben zehnmal billiger und 14-mal angenehmer ist.

Außerdem ist so eine Großstadt irre anstrengend. Allein der Münchner Hauptbahnhof ist größer als manches Dorf. Wenn du zu Fuß die Sehenswürdigkeiten einer Großstadt erkunden willst, brauchst du das Goldene Marathonmännchen.

In Bezug auf Großstädte solltest du dich an folgende Regel halten: Ambulant ja, stationär nein. Allerdings ist das nur ein gut gemeinter Vorschlag. Vielleicht gefällt dir ja das überteuerte Leben inmitten von Werbeplakaten, Abgasen und aufgeblasenem Geschwätz.

REGEL 95

RENN NICHT GLEICH ZUM ARZT

Die Ärzte demonstrieren zwar dauernd für mehr Geld, aber reich sind sie trotzdem. Vielleicht nicht die Jungs in den Krankenhäusern, aber die mit schönen Praxen verdienen sich in der Regel eine goldene Nase. Warum? Weil jeder gleich zum Arzt rennt, wenn ihm etwas wehtut. Das solltest du nicht tun.

Schmerzen kommen und gehen. Wenn dir ein Zahn wehtut, musst du ein paar Tage warten. Dann schmerzt er nicht mehr. Nur ganz selten tut er dann so sauweh, dass du doch zum Arzt musst. Aber meistens legt sich der Schmerz von allein. Nackensteifheit, Rückenschmerzen, Bauchweh und Ohrensausen sollten dich nur dann zum Arzt treiben, wenn sie unerträglich werden. Das ist die eine Sache.

Die andere Sache ist: Schalte in medizinischen Dingen deinen Verstand ein. Viel zu viele Menschen tun das nicht. Wenn du dich am Morgen kotzübel fühlst, könnte es daran liegen, dass du am Vorabend zwei Flaschen Jägermeister getrunken hast. Wenn du einen ganz üblen Husten hast und es dir dauernd schwummerig vor den Augen wird, solltest du womöglich weniger als vier Schachteln Reval am Tag rauchen. Was soll dir der Arzt schon sagen? Meistens gibt er dir nur Tipps, auf die du auch von allein kommen kannst: Stellen Sie das Rauchen ein, trinken Sie keinen Alkohol, schlafen Sie mehr als drei Stunden am Tag, nehmen Sie kein Ecstasy, essen Sie auch mal Gemüse und nicht nur Pommes mit frittierten Würsten! Solche Dinge. Gegen Raucherhusten, Fettleibigkeit und Kater gibt es keine Pillen. Hier muss der Patient seinen Lebenswandel ändern. Wenn die Menschen vernünftiger wären, wären die meisten Ärzte arbeitslos.

Wenn du depressiv bist, könnte es daran liegen, dass dein Leben tatsächlich beschissen ist. Mach eine Party, geh feiern, kauf dir einen *Playboy*, das verbessert die Stimmung. Wenn du »Burn-out« hast, bist du überarbeitet. Du brauchst keinen Arzt, der dir Medikamente verschreibt, sondern einen richtigen Entspannungsurlaub, also einen Urlaub, in dem du nichts tust. Wenn du für vier Tage nach New York fliegst und von früh bis spät die Stadt anschaust, ist das keine Entspannung, sondern Stress.

Die meisten sogenannten Zivilisationskrankheiten sind mit ein bisschen Grips und Tatkraft auch ohne Arzt zu meistern. Wenn du richtig krank bist, brauchst du natürlich einen Arzt. Aber du wirst dich wundern, wie machtlos unsere »Halbgötter in Weiß« oft gegen die wirklich harten Killerkrankheiten sind. Vor allem, wenn du nicht zu den oberen Zehntausend gehörst. In kaputtgesparten Ländern wie Griechenland wirst du als Arbeitsloser gar keinen Arzt mehr finden, der dich behandelt. Gute Medizin kostet viel Geld. Wenn du keine Kohle hast, brauchst du mehr Verstand. Dann kannst du auch mit wenig medizinischer Betreuung lang und glücklich leben.

REGEL 96

STEH FRÜH AUF

Der Morgen ist die beste Tageszeit. Alles ist frisch. Die Luft riecht gut. Dir stehen alle Möglichkeiten offen. Du kannst lange wach bleiben. Wie willst du den Morgen je kennenlernen, wenn du immer bis elf Uhr pennst? Im Sommer ist es schrecklich, um die Mittagszeit aufzuwachen. Die Hitze des Tages ist auf dem Höhepunkt. Kaum stehst du auf, willst du dich schon wieder hinlegen. Auch im Winter ist es viel schöner, bei Dunkelheit aus dem Bett zu krabbeln und dann die Sonne aufgehen zu sehen. Vielleicht ist das eine Frage der persönlichen Konstitution, der biologischen Uhr oder sonst was. Ich mag den Morgen sehr gern und rate dir, es mit ihm zu versuchen. Er wird dich nicht enttäuschen.

Jeder hat seinen verdammten Tag zu absolvieren. Aber der Frühaufsteher ist mit seinen Sachen schon fast fertig, wenn sich der Langschläfer erst die Zähne putzt. Das heißt: Der Frühaufsteher hat viel mehr Tagesfreizeit als der Schlaffreund. Er kann mehr schaffen. Und er ist zufriedener. Das Tageslicht ist außerdem gesund. Das heißt, der frühe Vogel wird auch nicht so oft krank.

Allerdings ist der Frühaufsteher spätestens um ein Uhr nachts sehr müde. Leider werden die Partys erst ab zwei Uhr richtig geil. Da hat der frühe Vogel schon sein Kuscheltier geküsst und sich dem lieben Gott empfohlen. Er knackt also genau dann, wenn die hübschen Frauen auf der Tanzfläche willig werden. Deswegen ist das frühe Aufstehen eher etwas für den älteren Herrn, der schon Familie, Arbeit und Bauchansatz hat. Wenn du noch auf der Suche nach einer kleinen Freundin bist, musst du nachts natürlich deinen Mann stehen. Da kannst du nicht früh aufstehen. Das ist klar.

Weil du ein Mann bist, willst du Zahlen. Bitte sehr: Früh aufstehen heißt vor sieben Uhr morgens. Vor sechs Uhr ist sehr früh.

Vor fünf Uhr ist bereits irre. Wenn du erst nach acht Uhr den Kopf aus den Federn hebst, kann man das als spät bezeichnen. Nach neun Uhr steht man nur in den Ferien oder nach einem Vollrausch auf. Wenn du nach zehn im Bademantel auf die Terrasse trittst, halten dich die Leute für krank, künstlerisch tätig oder faul. Meistens für alles gleichzeitig. Wenn du offen einsehbar nach elf aufstehst, geht es wieder. Dann denken die Leute, du hast Nachtschicht gearbeitet.

Übrigens kann sich der Normalbürger gar nicht aussuchen, wann er aufsteht. Er muss arbeiten und sich an die vorgegebenen Zeiten halten. Das fällt vielen Menschen schwer. Nicht nur, weil sie unterschiedliche biologische Tagesrhythmen haben, sondern auch, weil die Arbeitszeiten oft ungünstig sind. Viele Arbeiter müssen schon vor sechs Uhr morgens im Betrieb sein. Andere arbeiten jahrzehntelang nur in der Nacht. Davon möchte ich dir abraten. In der Nachtschicht bekommst du zwar ein bisschen mehr Geld, musst dafür aber große Opfer bringen. Ein paar Monate solltest du allerdings mal nachts durcharbeiten. Dann weißt du, wie schön der frühe Morgen ist.

REGEL 97

FRAUEN SIND ETWAS WUNDERBARES

Du bist als Mann geboren und nicht als Frau. Das heißt, du wirst dich in deinem späteren Leben wahrscheinlich nach der Nähe von Frauen sehnen. Es gibt da diese Anziehungskraft zwischen Mann und Frau, die existiert, damit sich die Menschen fortpflanzen können. Denn dazu braucht es im Normalfall immer einen Mann und eine Frau, die sich sehr nahe kommen.

Ich wünsche dir Situationen, in denen du diese Anziehungskraft spüren kannst, in denen sie praktisch mit Händen greifbar ist. Man muss nicht von Liebe oder Verknalltheit sprechen. Richtig interessant ist einfach diese Anziehungskraft, diese Gravitation, die Frauen auf Männer ausüben. Dabei spielt es keine große Rolle, ob die Frau hübsch oder hässlich, dick oder dünn, jung oder alt ist. Männer werden von Frauen angezogen wie Motten vom Licht. Das ist einerseits eine demütigende Erfahrung für jeden Mann, weil ihm irgendwann bewusst wird, wie machtlos er Frauen gegenüber ist. Andererseits ist die Erfahrung sehr erhebend. Denn jeder Mann freut sich, wenn er dieses Gefühl der Anziehungskraft spürt, wenn er einen Menschen sieht, für den es sich zu leben lohnt.

Frauen sind ganz anders als Männer. Sie reden anders, denken anders, sehen anders aus, riechen anders und lächeln anders. Ihnen gefallen andere Dinge als Männern. Sie sind in vieler Hinsicht das genaue Gegenteil der Männer. Und dieser Gegensatz wird es wohl sein, der uns Männer immer in die Nähe der Frauen treibt. Wir mögen diese Frauenart, wir mögen das Weiche, das Zarte, die hohe Stimme, das Putzige, die Röcke, die Brüste, die schönen Haare. Uns gefallen die rosa Jacken, die Stirnbänder, Zopfbänder, Strumpfbänder. All das ist so weit weg vom Alltag des Mannes. Die Männerwelt ist hart und schmutzig, eintönig und alkoholhaltig. Wir machen derbe Witze und sehen überall Feinde. Frauen machen uns ganz weich. Sie nehmen uns die Härte. Sie zeigen uns, dass es auch anders geht, dass die Welt auch zart und putzig sein kann, dass ein Vorhang bunt sein kann und dass Pflanzen Liebe brauchen. Ohne Frauen wären wir Männer die reinsten Soldaten, die armseligsten Kreaturen des Universums. Frauen sind etwas Wunderbares. Ich hoffe, du wirst das auch irgendwann so sehen.

Behandle Frauen gut. Schlag sie niemals, mach sie nicht doof an, mach keine blöden Witze über Frauen, beleidige sie nicht und tu ihnen nichts. Wenn sie dir auf den Keks gehen, kannst du dich in einer Kneipe beim Bier von zu viel Weiblichkeit erholen. Das geht auch auf dem Fußballplatz oder allein in der Natur. Wenn du ein paar Monate ganz ohne Frau leben musst, wirst du die Anziehungskraft sehr stark spüren. Lass dich darauf ein. Nimm dir eine Frau. Die allermeisten sind sehr gut. Heirate und mach ein paar Kinder. Die Karriere kommt dann von ganz allein.

REGEL 98

FINDE HERAUS, WORAUF DU WIRKLICH STEHST

Als Heranwachsender ist ein großer Teil deiner Lebenszeit pure Nachahmung. Du gehst in die Schule, weil man dich dazu zwingt. Du lernst aus demselben Grund. Du suchst dir ein Studium oder eine Arbeit, weil das jeder tut. Aber auch deine Freizeitbeschäftigungen sind meist Nachahmungen. Du spielst Fußball, trinkst Bier, rauchst, fährst in den Urlaub nach Italien und fährst auf dem Volksfest Achterbahn, weil das alle tun. Du ahmst das Leben der anderen nach, weil du nicht als Sonderling auffallen willst. Das ist völlig normal, solange du noch jung bist.

Aber dieser Zwang zur Nachahmung lässt nach, wenn du erwachsen wirst. Erst als Erwachsener bist du wirklich frei und kannst tun und lassen, was du willst. Solange du dich an die Gesetze deines Landes hältst, steht dir die Welt mit allen Gipfeln und Abgründen offen. Wenn du dein eigenes Geld verdienst und niemandem auf der Tasche liegst, wenn du eine eigene Wohnung und ein eigenes Auto hast, bist du frei wie ein Vogel im Wind. Dann musst du nichts und niemanden mehr nachahmen. Das ist die Zeit, in der du herausfindest, worauf du wirklich stehst.

Brauchst du wirklich ein Smartphone, einen riesigen Flatscreen, einen SUV und ein X-Mas-Shopping-Weekend in New York? Oder tun es auch ein Festnetztelefon, ein Röhrenbildschirm, ein Dacia und ein Urlaub im Bayerischen Wald? Das sind entscheidende Fragen. Die erste Variante ist die Werbevariante. Sie ist sehr teuer. Du schuftest dafür wie ein Tier. Viele Menschen merken nicht, dass sie als Erwachsene frei sind. Die machen einfach das, was ihnen die Werbung nahelegt. Die ahmen auch noch als Erwachsene andere Erwachsene nach. Man nennt dieses Verhalten Infantilismus.

Worauf stehst du wirklich? Das musst du herausfinden. Es gibt auch besonders schlaue Erwachsene, die andere besonders schlaue Erwachsene nachahmen und zum Beispiel nur deshalb vegan leben, weil das in ihren kalifornischen Kreisen jeder tut. Solche Schlaumeier glauben, dass sie individuell leben, dabei ahmen auch sie nur ein bestimmtes Verhaltensmuster nach.

Vergiss den ganzen Nachahmungsscheiß! Es braucht dich nicht zu interessieren, was die anderen tun. Tu das, was dir gefällt. Wenn du einen SUV willst, kauf dir einen. Aber nicht, weil dein Nachbar einen hat, sondern weil du – und nur du – unbedingt einen willst. Du wirst merken, wie einzigartig du bist, wenn du auf deine ureigenen Wünsche hörst. Jeder Mensch ist in Wirklichkeit ein vollkommenes Unikat, aber viele trauen sich nicht, nach ihren eigenen Vorstellungen zu leben.

REGEL 99

ERST KOMMT DIE FREIZEIT, DANN DAS VERGNÜGEN

Freizeitgestaltung ist anstrengend. Du kannst froh sein, wenn du eine gute Arbeit hast, die dich stark beansprucht und trotzdem Spaß macht. Dann musst du dir über deine Freizeit nicht allzu viele Gedanken machen. Viele Menschen haben hierzulande allerdings nicht das Vergnügen, arbeitstechnisch voll gebraucht zu werden. Die müssen den halben oder ganzen Tag ihre Freizeit totschlagen. Das ist nicht leicht.

Meistens ist Freizeit irre teuer. Du musst in einem Café überteuertes braunes Gesöff trinken. Immer ist das Zuckerglas verstopft. Der Kaffee schmeckt nach alter oder frisch geputzter Maschine. Nach dem Kaffee brauchst du ein großes Wasser, um den schlechten Geschmack herunterzuspülen. Kaffee und Wasser erleichtern dich um sechs Euro. In der Trinkzeit kannst du natürlich nicht herumsitzen und in die Luft oder den Ausschnitt der Bedienung starren. Du musst dich beschäftigen. Das geht am besten mit Lesen. Aber glaubst du, dass es in deutschen Cafés etwas Gutes zu lesen gibt? Wenn die aktuelle Lokalzeitung da ist, hast du schon großes Glück. Meistens gibt es nur ätzende Frauenzeitschriften, in denen über die neue Freundin von Leuten berichtet wird, die dich nicht mal interessieren würden, wenn sie direkt vor dir säßen. Also brauchst du eigenen Lesestoff. Auch der kostet Geld. Für eine anständige Zeitung musst du bei uns schon 2,30 Euro hinblättern. Damit sind wir schon bei über acht Euro, und damit hast du nur zwei Stunden Freizeit gekillt.

Alles, was Spaß macht, ist entweder teuer oder nur bei gutem Wetter zu erledigen. Spazieren, Wandern, Sport oder im Freibad herumfläzen macht bei Schnee und Eis keinen Spaß. In Deutschland hatten wir die letzten sechs Monate Schnee und Eis. Wie soll man da seine Freizeit kostengünstig gestalten? Du kannst zu Hause die Bücher aus der Stadtbibliothek lesen. Die sind aber häufig nicht aktuell und so abgegriffen, dass du dir lieber neue Bücher kaufst. Auch das kostet. Fernsehen? Wie soll man in Deutschland vor elf Uhr nachts fernsehen, und das täglich stundenlang, ohne depressiv oder dement zu werden? Das geht nicht. Internet? Ja, okay, schaut man sich halt ein paar Videos an und ballert mit dem Joystick rum. Aber das wird nach zwei Stunden auch langweilig.

Nein, Freizeit ist etwas Furchtbares. Du solltest dein Zuviel an Freizeit nutzen, um zu arbeiten oder Arbeit zu suchen. Denn nur wer Kohle hat, kann seine Freizeit wirklich genießen. Und die meisten Menschen haben nur dann Kohle, wenn sie arbeiten. Der Ruf nach mehr Freizeit ist zwar gut gemeint, aber die Rufenden haben wohl wirklich so viel zu tun, dass sie gar nicht wissen, wie teuer und anstrengend Freizeitgestaltung sein kann.

Freizeit sollte der Erholung dienen. Oft ist sie der pure Stress. Deshalb gilt in diesem Zusammenhang nach wie vor die alte deutsche Beamtenweisheit: Lieber acht Stunden Arbeit als gar kein Schlaf.

REGEL 100

SEI SKEPTISCH

Skeptisch sein heißt: nicht jedem blind vertrauen, nicht alles sofort glauben, seinen eigenen Verstand benutzen.

»Die Rente ist sicher.« Diesen Bären band der CDU-Politiker Norbert Blüm den Deutschen vor Jahren auf die Nase. Heute wissen wir, dass die Renten nicht sicher sind, sondern immer weiter gekürzt werden. »Die Spareinlagen sind sicher«, verkündete Bundeskanzlerin Angela Merkel vor vier Jahren. In Zypern wurde vor Kurzem im Rahmen der Bankenkrise auf die Spareinlagen zahlreicher Bürger zugegriffen. »Der Klimawandel lässt die Temperaturen steigen«, so schreit es aus allen Lautsprechern seit langer Zeit. Jetzt hatten wir in Deutschland einen der dunkelsten und längsten Winter überhaupt. Schon wird kolportiert, dass die Klimaerwärmung sich auch durch eine Abkühlung zeigen kann.

Wenn du meinst, da stimmt was nicht, liegst du richtig. Glaub nicht alles, was man dir erzählt. In dieser Welt wird viel gelogen und noch mehr verschleiert. Nicht nur die große Politik ist unaufrichtig, auch im Wirtschaftsleben findest du nicht immer die richtigen Informationen. Wie viele Werbelügen musst du dir pro Tag anhören? Da wird von Rinderhackfleisch gesprochen, obwohl es Pferdehackfleisch ist, du zahlst eine Menge für Bio-Eier von glücklichen Hühnern, doch man jubelt dir Käfigeier unter, man preist Solarstrom als ökologisch wertvoll an und verschweigt, wie viel Energie bei der Produktion von Solarzellen aufgewendet wird, man verspricht dir 8.000 Euro im Monat ohne Vorkenntnisse, doch wenn du dich auf das Jobangebot meldest, bittet man dich erst mal um Geld. Sei skeptisch! Die Menschen sind nicht immer ehrlich. Sind sie überhaupt irgendwann ehrlich?

Alles, was unter großer kollektiver Begeisterung betrieben wird, sollte dich misstrauisch machen. Wenn sich alle Medien einig sind, musst du die Sache hinterfragen. Wenn tausend Leute Ja sagen, kann trotzdem Nein die richtige Antwort sein. Auch jahrhundertealte Überzeugungen können falsch sein. Denk an Nikolaus Kopernikus, der herausfand, dass sich die Erde um die Sonne dreht. Kopernikus hatte recht, aber die Menschen seiner Zeit waren völlig anderer Meinung. Auch heute gibt es sicherlich Auffassungen, die nicht richtig sind. So schlau die Menschen sich auch vorkommen, bestimmt irren sie trotzdem irgendwo. Nur der Skeptiker findet diese Schwachstellen. Nur der nicht ganz Überzeugte, nur der Zweifler bringt den Fortschritt.

REGEL 101

IM LOKAL UNTERHÄLT MAN SICH

Wenn du allein in ein Lokal gehst, kannst du schweigen. Aber wenn deine Freundin, deine Frau, dein Kumpel, deine Oma oder dein Chef dabei ist: Sprich! Immer wieder trifft man im Restaurant oder im Café auf schweigende Gruppen. Das ist schrecklich. Die sitzen da und sagen keinen Pieps. Blättern in der Speisekarte, tippen auf ihrem Handy rum, glotzen hierhin, glotzen dahin, und das einzige Geräusch, das man von ihnen hört, ist das Schneiden auf dem Teller. Besonders trist kommt mir das bei jungen Pärchen vor. Wenn sie sich schon mit 20 nichts zu sagen haben, wie soll das erst mit 50 sein?

Das Zauberwort heißt Kommunikation. Dass du einen Menschen verstehst, ohne mit ihm zu sprechen, ist ein Märchen. Es gibt natürlich grundsätzliche Sympathie, aber die trägt nicht bis in den Alltag. Du musst wissen, was abgeht, du musst in die kleinsten Verästelungen des Lebensbaumes vordringen, und zu diesem Zweck wurdest du mit einem Mund ausgestattet. Den kann man aufmachen und da kommt meistens auch Sprache raus. Wenn du zufällig stumm geworden bist, gibt es immer noch die Zeichensprache.

Warum schweigen sich einige Menschen an? Trauen sie sich nicht zu sprechen, oder wissen sie nicht, was sie sagen sollen? Ich habe keine Ahnung. Ich komme aus einer Familie, in der jeder von früh bis spät plappert. Deiner Schwester habe ich in einer Regel empfohlen, die Hälfte zu sprechen, aber letzte Woche war ich allein im Urlaub, da ist mir wieder aufgefallen, dass es auch die ganz großen Schweiger gibt. Die sitzen stumm am Tisch und starren und warten, bis sie wieder aufstehen können, obwohl sie zu zweit, zu dritt oder zu fünft sind und genauso gut über etwas reden könnten. Wahrscheinlich ist das richtige Maß irgendwo in der

Mitte zwischen Dauergequatsche und stundenlangem Schweigen. Finde dieses Maß und halte dich daran.

Wenn du dich im Lokal unterhältst, solltest du übrigens nicht herumbrüllen, sondern möglichst leise sprechen. Es gibt Menschen, die ein lautes Organ haben, aber auch die können sich zurücknehmen. Es ist nicht schön, wenn das ganze Lokal mitbekommt, wie du das gestern bei der Darmspiegelung mit dem Schlauch geschafft hast oder wie viel PS dein neuer Opel hat.

Falls du zufällig allein im Gasthaus sitzt, wirst du dich womöglich freuen, wenn dein Handy klingelt, denn das zeigt deinen Tischnachbarn, dass du kein hoffnungsloser Sonderling bist. Aber auch hier solltest du dich zurückhalten. Man telefoniert nicht lautstark in der Gegend herum. Wenn ein längeres Gespräch ansteht, solltest du vom Platz aufstehen und dir eine Ecke suchen, in der du ungestört reden kannst. Ungestört heißt in diesem Zusammenhang auch, dass du nicht die anderen störst. Damit dir so etwas nicht während eines guten Essens passiert, empfiehlt es sich, das Handy auch mal auszuschalten.

REGEL 102

LERN CHINESISCH

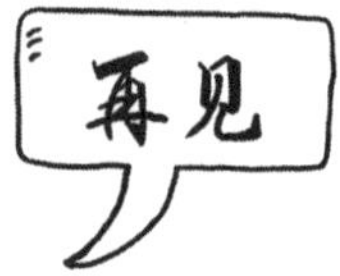

Heute sind Fremdsprachenkenntnisse sehr wichtig, heißt es. In Wirklichkeit meint man damit aber immer nur Englisch. Die bayerischen Drittklässler müssen sich schon mit englischen Vokabeln herumschlagen, obwohl sie noch nicht mal unfallfrei deutsch schreiben können. Das ist eine Verbeugung an die Macht der Amerikaner. Deutschland fühlt sich wohl im westlichen Bündnis. Aber wie lange soll das noch gut gehen?

Die Euro-Staaten sind massiv verschuldet. Auch in den USA sitzt man auf einem riesigen Schuldengebirge. Momentan wird überall Geld gedruckt. Alle sagen, das ist wunderbar und kann niemals zu einer galoppierenden Inflation führen, aber stimmt das denn auch? Die Zeichen in Europa stehen auf Sturm. Es kann sein, dass der Euro in wenigen Monaten kollabiert, es kann auch sein, dass er weiterhin gerettet wird, indem immer mehr Euro-Länder komplett verarmen. Wir erleben derzeit die größte Wirtschaftskrise seit 80 Jahren. Jeder weiß, in welches Chaos die letzte große Krise Europa verwandelt hat. Es ist nicht ausgeschlossen, dass auch diesmal die Lichter ausgehen und der Horror beginnt. Ich rate dir daher, dich auf schwierige Zeiten einzustellen. Zur Not musst du Europa verlassen. Das klappt besser, wenn du schon vorher über die richtigen Fremdsprachenkenntnisse verfügst.

Lern Chinesisch, heißt diese Regel. China ist ein Land mit großer Vergangenheit und großer Zukunft. Die Menschen dort können arbeiten. Sie sind schnell und fleißig, sparsam und bescheiden. Außerdem habe ich den Eindruck, dass die Chinesen irgendwie klüger sind als die Europäer und die US-Amerikaner. Es handelt sich um einen subjektiven Eindruck. Vielleicht ist es auch ein Klischee oder ein Vorurteil. Jedenfalls ist es mittlerweile so, dass man sich als Deutscher nach Fluchtmöglichkeiten umsehen muss. Denn ich möchte nicht wissen, was hier los ist, wenn wir griechische Verhältnisse mit 26 Prozent Arbeitslosigkeit bekommen.

Du kannst auch Arabisch oder Russisch lernen. Das geht genauso. Hauptsache, du verlässt dich nicht nur auf Englisch und Französisch. Die westliche Vorherrschaft nähert sich ihrem Ende. Und das heißt für dich, dass du auch östliche Sprachen lernen solltest. Es dauert ja nicht lange. So eine Sprache hat man in zwei, drei Jahren auf dem Kasten, vor allem als junger Mensch.

Wenn sich die Krise in Luft auflöst und du hierbleiben kannst, umso besser. Aber auch dann wird dir die Kenntnis des Chinesischen zum Vorteil gereichen, denn es ist völlig klar, dass in Zukunft die Macht des Englischen abnehmen und die des Chinesischen wachsen wird. Und selbst falls das wider Erwarten nicht so sein sollte, kannst du dich wenigstens im China-Restaurant mit der netten Bedienung in ihrer Muttersprache unterhalten.

REGEL 103

SUCH DIE LANGEWEILE

Alles palavert von Action und Erlebnis. Hier geht die Post ab und da steppt der Bär. Weißt du, was es nur noch ganz selten gibt? Die Langeweile.

Wir tun alles, um der Langeweile zu entfliehen. Wir hören Radio, ballern im Internet, lassen den Fernseher laufen, rauchen, telefonieren und bügeln gleichzeitig. Wir knallen uns zu mit Action, Arbeit, Hobbys, Diskussionen, Urlaub, Sport, Planungen, Optimierungen und noch vielem mehr. Lass das alles mal für ein paar Tage weg. Dann spürst du, wie schön Langeweile sein kann.

Langeweile kommt auf, wenn man nichts zu tun hat. Viele Menschen ertragen das Gefühl nicht. Sie suchen sich sofort eine neue Beschäftigung, auch wenn die völlig sinnlos ist. Du sollst dieses Gefühl ertragen. Setz dich hin, lies Zeitung, trink dazu Kaffee, dann spazierst du in der Sonne, setzt dich wieder hin, isst etwas, dann spazierst du in der Dunkelheit und trinkst ein paar Bier im Wirtshaus. Tu das ein paar Tage lang. Verzichte auf Internet und TV, schau dir die richtigen Leute auf der Straße an, nicht die Honigkuchenpferde auf den Bildschirmen. Du wirst dich frei und zufrieden fühlen. Mir ging es so in meinem dreitägigen Urlaub in Ruhpolding. Völlige Entspannung. Ruhe, richtiges Chillen, wieder zu sich selbst finden.

Wenn du dich langweilst, beginnt dein Gehirn, dich zu bespaßen. Das heißt, du fängst das Denken an. Davor haben die Menschen vielleicht Angst, sie fürchten, dass ihnen Gedanken kommen könnten. Deswegen die Unterhaltungsindustrie, die Mediengewitter, die ganz große Ablenkungsmaschinerie: Damit das Volk sich nicht langweilt und womöglich auf dumme Gedanken kommt.

Wenn du später einen kreativen Job ausübst, wirst du die Langeweile zu schätzen wissen, denn die besten Ideen kommen dir nicht, wenn du irrsinnig beschäftigt bist, sondern wenn du rumhängst und wartest und auf die Uhr schaust und die Zeit einfach Zeit sein lässt.

Dieses dauernde Beschäftigtsein hat etwas Unwürdiges. Die Rennerei, der Aktionismus, die Gschaftlhuberei, wie die Bayern sagen, ist eigentlich nur etwas für beschränkte Typen. Der Mensch muss sich auch ausruhen. Man ruht sich aber nicht aus, wenn man in seiner Freizeit tausend Sachen macht. Ich glaube, der ganze Burn-out-Kram kommt nur daher, dass die Leute sich nicht mehr entspannen können, dass sie dauernd vor der Langeweile fliehen. An der mangelnden Freizeit liegt es nicht. Es liegt daran, wie schlecht oder wie gut wir unsere Freizeit nutzen.

Nutzen? Was rede ich? Du sollst die Freizeit nicht nutzen, ausbeuten, in Geld verwandeln, effizient machen oder sonst was. In der Freizeit sollst du dich ausruhen und wenn du großes Glück hast, findest du in ihr die Langeweile. Wenn du die Langeweile besser kennenlernst, nennst du sie auch nicht mehr abwertend Langeweile, sondern Muße.

REGEL 104

SEI KEIN EGOIST

Du bist nicht allein auf der Welt. Es gibt auch noch andere Menschen. Es gibt Menschen, die dich mögen. Wenn du groß bist, wird es Menschen geben, die dich brauchen. Du solltest die Wünsche dieser anderen Menschen in deine Entscheidungen mit einbeziehen. Das kannst du nur, wenn du kein Egoist bist.

Ein Egoist stellt seine Wünsche über die aller anderen Menschen. Der Egoist sagt: Ich will das so. Und alle müssen sich fügen. Was sich völlig lächerlich anhört, ist auch lächerlich. Der egoistische Erwachsene ist ein kleines Kind geblieben. Nur Dreijährige dürfen egoistisch sein. Bereits mit vier muss man merken, dass man nicht der Kaiser der Welt ist. (Sonst hat man einen an der Klatsche.)

Selbst wenn du Kaiser oder König werden solltest, darfst du kein Egoist sein. Ein guter König ist für sein Volk da. Nur bei einem bescheuerten Tyrannen ist es umgekehrt.

Hier ein Beispiel:

Du hast Familie. Deine Frau arbeitet halbtags in einer Buchhandlung. Dein Sohn ist acht, deine Tochter sechs. Du bist in einer großen Firma als Abteilungsleiter tätig. Der Firmenchef will, dass du in Nepal eine Filiale aufbaust. Du müsstest fünf Jahre in Nepal bleiben. Deine Kinder kämen in eine deutsche Schule. Deine Frau würde durch Hausangestellte entlastet. Hört sich das gut an? Was sagst du deinem Chef? Du sagst ihm das einzig Richtige. Du musst es mit deiner Familie klären. Deine Frau eröffnet dir beim abendlichen Wein, dass sie nicht nach Nepal will, auf keinen Fall, Nepal ist viel zu weit weg, und auch vom nepalesischen Essen hält sie nicht viel. Was tust du?

Vor dieser Frage wirst du irgendwann stehen, weil es sehr oft vorkommt, dass Männer tolle Angebote und große Chancen bekommen, ihre Frauen aber nicht mitziehen wollen. Der Egoist verlässt seine Frau, nachdem er festgestellt hat, dass sie wirklich nicht zu überzeugen ist. Deswegen sind viele erfolgreiche Männer zum vierten Mal verheiratet. Immer wenn die Frau nicht mitmacht, holt sich der Egoist eine neue Frau. Klingt einfach, ist aber schäbig.

Man nennt dieses Verhalten »über Leichen gehen«. Der Egoist opfert selbst nächste Angehörige seiner Karriere, seinen Wünschen, seinem Willen. Vielleicht hast du dich schon gewundert, warum es auf unserer Welt so brutal und ungerecht zugeht. Das liegt nur daran, dass es viel zu viele Egoisten in einflussreichen Positionen gibt.

Du sollst kein Egoist werden. Du sollst deine Großmutter nicht verkaufen. Du sollst ein guter Mann werden, für den auch die Wünsche anderer Menschen eine Bedeutung haben. Nur dann kannst du wirklich erfolgreich sein. Erfolg ist nämlich nicht viel Geld oder ein toller Posten, Erfolg hast du dann, wenn du die Welt zu einem besseren Ort gemacht hast. Und das kann kein Egoist.

REGEL 105

WENN DU NICHT WILLKOMMEN BIST

Wenn du nicht gerade als Alm-Öhi weit weg von der Zivilisation lebst, wirst du von Menschen umgeben sein. Und Menschen sind nicht immer freundlich zu dir. Oft lehnen sie dich einfach ab. Im Zug der Globalisierung kommen immer mehr Menschen in den Genuss, sich als Fremde in einer neuen Umgebung behaupten zu müssen. Das ist nicht leicht. Denn Fremde sind nicht gerade willkommen.

Solltest du eines Tages deinen Geburtsort verlassen und in einer neuen Region Fuß fassen müssen, wirst du das Gefühl kennenlernen. Du wirst spüren, wie es ist, nicht dazuzugehören, ein »Reingeschneiter«, ein »Zugereister« zu sein. Ich kenne dieses Gefühl sehr gut. Deswegen kann ich dir in diesem Zusammenhang einen Tipp geben. Er lautet: Wenn du nicht willkommen bist, pfeif drauf.

Du sprichst nicht den Dialekt der »Hiesigen«. Das ist schon mal ein starkes Ausschlusskriterium, denn auf ihren Dialekt sind alle Hiesigen stolz. Oft ist es das Einzige, was sie haben. Du kannst ab einem gewissen Alter keinen neuen Dialekt mehr lernen. Es ist sinnlos. Niemals wirst du so sprechen wie die Einheimischen. Also pfeif drauf. Sprich einfach, wie dir der Schnabel gewachsen ist. Du brauchst dich nicht zu verstellen. Du hast das Recht, so zu sprechen, wie du es gelernt hast. Du musst dich sprachlich nicht anpassen. Wichtig ist, dass du die Leute verstehst und dass sie dich verstehen. Alles andere ist überflüssig.

Es kann auch sein, dass du anders aussiehst als die anderen. Das kann dir sogar dann passieren, wenn du lebenslang am selben Ort wohnst. Auch dann bist du womöglich nicht willkommen. Aber auch hier ist die einzige Lösung: Pfeif drauf. Du hast das Recht, so auszusehen, wie Gott dich geschaffen hat. Du musst dich nicht verändern. Du musst zu dir stehen. Du musst dich selbst im Leben willkommen heißen. Dann braucht es kein anderer zu tun. Die Leute werden dich nach und nach akzeptieren. Wenn sie es nicht tun, kümmere dich nicht darum. Solange sie dich in Ruhe lassen, kann es dir egal sein; wenn sie dich angreifen, musst du dich wehren.

Viele Leute sehen genauso aus wie alle und sprechen denselben Dialekt. Trotzdem sind sie nicht willkommen, weil sie anders denken, weil sie eine andere Meinung haben als die anderen. Wir leben in einer freien Welt. Du darfst denken und meinen, was du willst. Niemand kann dir deine Gedanken verbieten. Niemand ist befugt, dich zum Schweigen zu bringen. Wenn es einer versucht, musst du dich wehren. Was du denkst, ist deine Sache. Keiner kann es dir vorschreiben. Weder in Deutschland noch im Iran noch in Nordkorea.

REGEL 106

MISCH DICH NICHT IN ALLES EIN

Du hast deine zwei, drei Bereiche, in denen du wirklich gut bist. Auf die solltest du dich konzentrieren und alles andere nach Möglichkeit den anderen überlassen. Es gibt Männer, die überall mitmischen. Früher oder später erliegen sie dem, was Historiker den »imperial overstretch« nennen, also der zu großen Ausdehnung des eigenen Einflussbereiches. Dieses Phänomen ist im Alltag überall anzutreffen. Zum Beispiel auch in einem normalen Vier-Personen-Haushalt:

Die Urlaubsplanung steht an. Deine Frau will nach Italien, du aber nach Kasachstan. Wenn du der Typ bist, der immer die Urlaube plant, fahrt ihr nach Kasachstan. Aber schon dein Wunsch zeigt, dass du dieser Typ nicht sein kannst. Deine Frau macht die Urlaube, stimmt's? Das ist völlig in Ordnung. Italien ist ein schönes Land.

Seit du vier Jahre alt bist, sammelst du Bierdeckel. Du hast mittlerweile 41.239 verschiedene Bierdeckel. Toll. Du willst sie aufhängen. Das ganze Haus willst du von oben bis unten mit Bierdeckeln verzieren. An den Wänden, den Decken, im Keller, im Holzschuppen, überall. Weißt du was? Überlasse lieber deiner Frau die Innenraumgestaltung. Das wird kein Fehler sein. Halte dich aus Dingen raus, die andere besser können als du.

Ihr wollt euer Haus renovieren. Du bist schon ganz heiß auf die Arbeit. Vor drei Jahren hast du zwei Wochen mit deinem Kumpel einen Keller gefliest. Du glaubst, du kennst dich aus. Außerdem meinst du, es sei viel günstiger, wenn du dein Haus selbst renovierst. Lass es andere machen. Lass Profis ran. Die erledigen die Sache in einem Monat. Du bräuchtest dafür mehrere Jahre und acht Tonnen Nerven. Tu nur das, was du wirklich kannst.

Deine Tochter hat einen neuen Freund, dein Sohn hüpft immer so gefährlich im Garten rum, der Nachbar hat seinen Hund schon wieder auf den Weg kacken lassen, im Postkasten ist immer nur Werbung, der neue SPD-Bürgermeister ist unrasiert im REWE gesichtet worden, deine Mutter hat ihre Fische schon wieder falsch gefüttert, im U-Bahnhof ist ein Graffito, das unbedingt weg muss, dein Sohn hat sich einen Dinosaurier mit Waffenzähnen auf den Schrank gestellt … Merkst du, wie verrückt es dich machen kann, wenn du überall mitmischst? Die Welt ist crazy. Finde dich damit ab. Mach deine drei Sachen, so gut du kannst, und lass den anderen Menschen ihre Freiheit. Du wirst merken, wie locker und entspannt dein Leben verlaufen kann, wenn du dich nicht für alles und jeden verantwortlich fühlst.

REGEL 107

DAS LEBEN IST EINFACH

Was machst du gerade? Wahrscheinlich sitzt oder stehst du irgendwo und liest diese Zeilen. Fällt dir das Lesen schwer? Bestimmt erkennst du die Worte schon auf den ersten Blick und fliegst durch den Text wie ein Adler. Wenn man es kann, ist Lesen ganz leicht. Und so ist es auch mit dem Leben. Wenn du es kannst, ist es einfach.

Was brauchst du zum Leben? Vor allem Luft, die du atmen kannst. In den meisten Gegenden gibt es gute Luft. Nur die Chinesen müssen noch lernen, dass der Himmel blau sein muss. Du brauchst Wasser. Zwei Liter pro Tag sind genug. Du brauchst Essen. Einen Teller Reis, ein Stück Fleisch, etwas Brot, einen Apfel. Mehr muss es nicht sein. Du brauchst einen Schlafplatz. In kalten Ländern muss dieser Platz im Winter warm sein, und es darf dir nicht auf die Birne regnen. Außerdem brauchst du Kleidung und musst dich waschen können.

Mehr ist zum Leben nicht nötig. Frauen, Kinder, Familie, Jobs, Anerkennung, Geld, Computer, Handys, Atombomben, Kampfdrohnen, Faschingsorden, Aquarien, Erlebnisparks, Rasenmäher, Stelzen, Lippenstift … all das brauchst du nicht wirklich.

Wenn du dir einmal klargemacht hast, wie unwichtig die meisten Dinge sind, um die wir uns täglich kümmern, kannst du diese Dinge ganz gelassen angehen. Du hast nicht viel zu verlieren. Sterben muss jeder, egal wie aufgeregt er durchs Leben hüpft. Ob du mit 70 zehn Millionen oder 1.600 Euro auf dem Konto hast, ist aus kosmischer Sicht vollkommen irrelevant.

Such dir eine nette Frau (meinetwegen auch einen netten Mann), zieh ein paar Kinder groß und mach deine Arbeit ordentlich. Mehr kann niemand von dir verlangen.

Leider sind viele Menschen schon mit diesen drei wirklich einfachen Aufgaben völlig überfordert. Sie finden keinen Partner, weil sie überzogene Vorstellungen haben. Sie trauen sich nicht, Kinder in die Welt zu setzen, weil sie eine ganz unbegründete Angst davor haben, irgendwie eingeschränkt zu werden. Sie sind nicht in der Lage, ordentlich zu arbeiten. Stattdessen betrügen sie sich und andere, kündigen, wechseln die Firma, die Branche, das Brillengestell, machen beruflich den größten Quatsch und landen mit 40 beim Psychoanalytiker, weil sie der Meinung sind, ihr Leben sei furchtbar kompliziert.

Du weißt es hoffentlich besser. Das Leben ist nur dann kompliziert, wenn man vergessen hat, was wirklich wichtig ist.

REGEL 108

GEH MIT 60 IN RENTE

Habe ich schon erwähnt, dass du die Politik nicht zu ernst nehmen sollst? Das gilt auch für deinen Renteneintritt. Unsere Politiker, die sich alle selbst mit wunderbaren Renten versorgen, haben beschlossen, den Deutschen erst mit 67 eine Rente zu bezahlen. Vorher bekommen die Leute gar nichts. Sie müssen buckeln. Viele schaffen es natürlich nicht, bis zu diesem Alter Steine zu schleppen, Flugzeuge zu fliegen oder Hirntumore zu entfernen. Ab dem 60. Lebensjahr beginnt die große Arbeitslosigkeit. Aber die Rente bekommst du erst sieben Jahre später.

Du kannst auf die staatliche Rente komplett pfeifen. Vergiss sie. Wenn du sie irgendwann kriegst, schön, aber sie wird nicht mehr als ein kleines Zubrot sein. Wenn du 40 Jahre Vollzeit schuftest, kannst du froh sein, wenn du als Rentner auf 2.000 Euro im Monat kommst. Außerdem werden Renten besteuert. Meine Oma musste mit 92 Jahren und Krebs im Endstadium noch eine Steuererklärung abgeben. Sogar nach ihrem Tod forderte der Fiskus Steuergeld von ihr. Kurz und gut: Die staatliche Rente ist kaputt. Du kannst sie vergessen und darfst dich auf keinen Fall auf sie verlassen.

Einerseits mag dir das unheimlich und schlimm vorkommen, andererseits bedeutet es eine sagenhafte Freiheit. Denn tatsächlich kann dir das staatlich vorgeschriebene Renteneintrittsalter völlig egal sein, wenn die staatliche Rente sowieso nur ein Tropfen auf den heißen Stein ist. Du kannst dir also ganz allein aussuchen, wie lange du arbeiten möchtest. Ich empfehle dir, ab 60 mit dem Arbeiten aufzuhören und das Leben zu genießen.

Mit 60 bist du noch fit genug, um richtig auf die Pampe zu hauen. Ab 70 wird das schwieriger. Ab 80 ist es so gut wie unmöglich. Auch wenn du 100 werden solltest, werden deine letzten 20

Jahre wahrscheinlich keine Party-Breaker-Jahre sein. Ich finde, du solltest von deinem Ruhestand auch wirklich etwas haben. Mach dir zwischen 60 und 70 zehn geile Jahre. Hau deine Kohle auf den Kopf. Spiel Roulette in Las Vegas. Lass die Puppen tanzen. Fahr mit der Harley die Route 66. Verdreh ein paar 40-jährigen Krankenschwestern den Kopf. Zehn arbeitsfreie Party-Jahre stehen jedem Menschen zu. Nimm sie von 60 bis 70. Danach kriegst du dann eventuell auch staatliche Rente. Verhungern lassen sie dich nicht.

Damit du mit 60 loslegen kannst, brauchst du ein schönes Finanzpolster. Das heißt, du musst bis 60 arbeiten, dass die Wände wackeln. Am besten, du wirst selbstständig. Da kannst du deine Steuern selbst abführen (oder auch nicht). Das ist auf jeden Fall günstiger. Als Angestellter oder Arbeiter zieht dir der Staat bei jeder Lohnerhöhung mehr aus der Tasche als vorher. In Deutschland haben wir viel zu wenig Selbstständige. Aber das ist eine andere Geschichte.

Doch du musst nicht unbedingt reich sein, um mit 60 die Arbeit einzustellen. Man braucht nicht viel. Ein paar Flaschen gutes Bier wirst du dir schon kaufen können. Im Sommer bist du täglich im Freibad, im Winter im Hallenbad. Wasser hält deine Zellen frisch und hübsche Frauen gibt es überall.

REGEL 109

WENN ES DIR SCHLECHT GEHT

Du kannst nicht immer vor Freude herumhüpfen und Juhu schreien. Es gibt auch dunkle Tage in deinem Leben. Auch du wirst dich hin und wieder schwach fühlen. Es wird dir ab und zu schlecht gehen. Meistens liegt es am Bier, am Pferdefleisch in der Fertiglasagne, am kalten Winter oder am Stress auf der Arbeit. Aber irgendwann wird es auch dahingehen, wie man so schön sagt. Du wirst den Löffel abgeben müssen, es geht dann ein paar Stockwerke runter. Davor solltest du keine Angst haben. Vor dir sind schon viele Menschen gestorben. Die einen hatten davor große Angst, die anderen keine. Gestorben sind sie alle. Es ist besser, wenn du dir darüber keinen Kopf machst.

Wie ist das mit dem Tod? Tja, keine Ahnung, ich lebe ja noch. Es ist so, dass der Tote weg ist, verbuddelt oder verbrannt. Er lebt in den Erinnerungen seiner Angehörigen und Freunde weiter. Man trauert um ihn, wenn er nett war. In England gab es vor ein paar Tagen große Jubelfeiern, weil Maggie Thatcher gestorben ist. So was gibt's auch. Dir kann es eigentlich egal sein, ob sie deinen Tod bejubeln oder betrauern werden. Ich schätze, einem Toten ist das Leben hier auf der Erde ziemlich egal. Ob es danach weitergeht, ob du im Himmel mit Jesus Karten spielst oder mit Odin und Wotan Bier trinkst, ob 600 Jungfrauen auf dich warten oder deine Oma, das weiß ich nicht. Niemand kann es wissen. Solche Sachen muss man glauben.

Du kannst glauben, woran du willst, ich schreibe dir nichts vor. Die meisten hier sind Atheisten, die glauben an gar nichts, höchstens an das neue iPhone und an die Abwendbarkeit des Klimawandels. Dann gibt es natürlich die Christen, die an Weihnachten vor lauter Geschenken ganz zahm und lieb werden. Die

Muslime trinken keinen Alkohol. Das ist schon mal nicht schlecht. Die Juden wissen, wie man anständig feiert, die Hindus glauben an die Wiedergeburt, Jainisten töten keine Lebewesen und die Buddhisten führen keine Kriege. Es ist ein weites Feld. Such dir einen schönen Glauben aus.

Denn diesen Glauben brauchst du, wenn es dir schlecht geht. Glauben ist etwas für die stürmischen Zeiten des Lebens. Wenn du Angst hast, wenn es ans Sterben geht, wenn du in Trauer bist, wenn du gar nicht mehr weiterweißt, dann brauchst du den Glauben an irgendetwas. Dann kannst du beten oder Räucherstäbchen anzünden, dich in deiner Online-Community ausheulen oder mit ein paar Glöckchen klingeln. Was du dann tust, hängt von deiner Glaubensrichtung ab. Glaube ist die Medizin, die hilft, wenn keine weltliche Medizin mehr helfen kann.

Irgendwo habe ich gelesen, dass es Leute gibt, die an ein riesiges Spaghettimonster glauben. Warum nicht? Alles, was hilft, ist gut.

REGEL 110

DER APFEL FÄLLT NICHT WEIT VOM STAMM

Du bist als Mensch geboren. Deine Gene setzen sich zu je 50 Prozent aus denen deiner Mutter und denen deines Vaters zusammen. Diese Gene sind deine biologische Grundausstattung. Mit denen musst du auskommen. Aus denen musst du etwas machen. Aber es gibt nicht nur die Biologie, sondern auch das kulturelle Umfeld, das Milieu, kurz gesagt: unsere Küche. Was du darin hörst, wird dich dein Leben lang prägen.

Und was ich damit sagen will, ist Folgendes: Der Apfel fällt nicht weit vom Stamm. Wenn du wissen willst, was du später mal für einer werden könntest, dann schau dir deinen Vater und deine Mutter an. Das ist deine Zukunft. Ungefähr so wie die wirst du auch sein. Schrecklich, oder? Du kannst dich in der Pubertät und sonst wann noch so stark dagegen auflehnen, mit den Füßen auf den Boden stampfen, herumbrüllen und dich umoperieren lassen: Du bist die Frucht deines Vaters und deiner Mutter. Und das wirst du bleiben, bis du stirbst.

Aber keine Angst, du bist ja lernfähig. Schau dir deine Eltern genau an. Versuch, herauszufinden, was sie falsch machen. Erkenne ihre Schwachstellen. An diesen Stellschrauben kannst du drehen, wenn du später selbst einmal groß bist. Lerne aus den Fehlern deiner Eltern. Alle Eltern haben Fehler. Meistens merken sie selbst nichts davon. Nur ihre Kinder merken es.

Übrigens kann man seine Eltern nicht hassen, ohne sich selbst zu hassen. Denn sie haben dich geschaffen. Du bestehst aus deinen Eltern. Wenn du sie hasst, musst du auch dich selbst hassen. Und Selbsthass führt dich früher oder später auf die Couch eines Psychiaters, also lass es lieber. Verzeih deinen Eltern ihre Fehler. Sie sind, wie sie sind. Mach es selbst einfach besser. Und deine

Kinder werden es dann noch besser machen als du. So ist für den Fortschritt gesorgt.

Aus diesem Zusammenhang ergibt sich ein kleiner Tipp für den jungen Mann auf Brautschau: Wer wissen will, wie seine Freundin in 30 Jahren sein wird, schaut sich ihre Mutter an.

Ansonsten ergeben sich aus diesem Zusammenhang eigentlich keine weiteren Tipps. Höchstens der, dass du allein ins Restaurant gehen solltest, wenn du als Schriftsteller nicht mehr weißt, was du schreiben sollst. Vor Kurzem war ich in einem wirklich guten Ruhpoldinger China-Restaurant. Da saß ein lustiger Mann um die 40 am Nebentisch. Er hatte seine Mutter und seine Frau dabei. Irgendwann brachte er den Spruch mit dem Apfel. Den habe ich mir gleich notiert. Aber noch viel spaßiger war seine Getränkebestellung. Die chinesische Bedienung kam an den Tisch und fragte, ob die Herrschaften schon wüssten, was sie trinken wollen. Da sagte der Kauz knochentrocken: »Für mich bitte einen halben Liter Wodka ohne Strohhalm.« Nach einer Schrecksekunde erlöste der Oberbayer die Kellnerin durch lautes Lachen. Er brachte noch mehr Sprüche dieser Kategorie, aber ich war so mit meiner Peking-Suppe und meinem Hühnerfleisch mit Morcheln und Cashew-Kernen beschäftigt, dass ich sie leider vergessen habe.

REGEL 111

SO BENUTZT DU DIESES BUCH

111 Regeln sind eine ganze Menge Stoff. Du brauchst den Text nicht auswendig zu lernen. Lies das Buch durch, wenn du Zeit und Lust dazu hast. Vielleicht kommt auch eine Zeit, in der du einige Regeln brauchen kannst. Nimm aber nichts zu ernst. Weder dieses Buch, noch irgendetwas anderes. Dein Leben soll heiter sein, nicht bierernst und schwer.

Ich habe diese Regeln nicht nach irgendeinem Plan geschrieben, sondern so, wie sie mir eingefallen sind. Ein Schriftsteller muss sich immer etwas ausdenken. Das führt dazu, dass er im normalen Leben manchmal ein bisschen strange wirkt, weil er sich auch da ständig etwas ausdenkt, weil er eigentlich immerzu nur an seine Zeilen denkt, weil er im Buchstabenmeer schwimmt. Ich bin mir daher nicht ganz sicher, ob ich mein Leben lang Schriftsteller sein will. Ich habe dir und deiner Schwester je 111 Regeln ausführlich beschrieben. Mehr muss man als Autor fast nicht tun.

Regeln sind dazu da, gebrochen zu werden. In unserer regellosen Zeit ist es zumindest außerhalb der Arbeitswelt üblich, auf alle Vorschriften zu pfeifen. Man gefällt sich darin, all das zu tun, was scheinbar nicht erlaubt ist. Doch das Ergebnis der Zügellosigkeit ist ziemlich vorhersehbar: Sex and Drugs and Rock'n'Roll. Faul sein, sich gehen lassen, vor dem Fernseher fläzen, Leute betrügen, den ganzen Tag Mist bauen. Dagegen wende ich mich teilweise in diesem Buch. Das klingt an einigen Stellen bestimmt spießig und rechthaberisch. Deswegen will ich dir kurz erklären, was es mit der Moral auf sich hat.

Wozu Moral? Was ist das überhaupt? Sitte? Anstand? Pflicht? Ganz schön eklige Wörter! Die Zeiten werden ernster. Die weltweite Schuldenparty geht zu Ende. Bald ist Schluss mit dem großartigen

Wohlstand, mit dem feinen Leben ohne große Anstrengung. Schon jetzt haben es viele Menschen schwerer als noch vor zehn Jahren. Ich glaube, dass wir in Zukunft wieder gewisse Maßstäbe brauchen werden. Wenn wir nicht wollen, dass unser Land, unser Kontinent im Chaos versinkt, werden wir uns an bestimmte Regeln halten müssen, die heute noch viele Leute belächeln.

Natürlich ist dieses Buch in einem leichten und witzigen Ton gehalten. Anders könnte man es gar nicht schreiben. Alles Regelhafte und Moralische braucht momentan eine ironische Verpackung. Aber ich will dir nicht verschweigen, dass hinter diesen Zeilen ein Autor steckt, der sich in den Monaten der Niederschrift einige Sorgen um die Zukunft gemacht hat.

Ein paar dieser Sorgen sind in die Zeilen gesickert. Ich hoffe, dass ihr es später einmal besser haben werdet als wir heute. Leider sieht es nicht danach aus. Ihr werdet Mut, Tatkraft und großes Glück brauchen, um die Welt, die eure Vorfahren kaputt gemacht haben, wieder in Ordnung zu bringen. Viel Erfolg dabei!

SCHWARZKOPF & SCHWARZKOPF

PIMP YOUR KID

SEHR UNTERHALTSAM UND HERRLICH BÖSE –
DIESES BUCH SPRICHT STRESSGEPLAGTEN ELTERN AUS DER SEELE

PIMP YOUR KID
FRAGE NICHT, WAS DU FÜR DEIN KIND TUN KANNST.
FRAGE, WAS DEIN KIND FÜR DICH TUN KANN!
Von Yvonne de Bark
216 Seiten, Taschenbuch
ISBN 978-3-86265-208-2 | Preis 9,95 €

Ein herrlich sarkastischer Erziehungsratgeber: So können Eltern endlich wieder einmal die Füße hochlegen und ihren heißen (!) Kaffee in Ruhe genießen. Sehr unterhaltsam und herrlich böse – dieses Buch spricht stressgeplagten Eltern aus der Seele. Mit schwarzem Humor und ebenso viel Mutterliebe!

Jeder möchte das perfekte Kind. »Pimp your kid« zeigt, wie es geht. In ihrem neuen Buch erzählt die Schauspielerin und zweifache Mutter Yvonne de Bark, was die Kleinen wirklich können und wissen müssen, um ihre Eltern glücklich zu machen!

Die Autorin ist sich sicher: Jedes Kind kann lernen, dass Mülleimer keine Beine haben, Mama und Papa keine Kellner sind und dass es sich lohnt, die rührende Aufmerksamkeit der ersten Jahre konsequent an die Erzieher zurückzugeben.

WWW.SCHWARZKOPF-SCHWARZKOPF.DE

STEPHAN BORCHERS
My year
with girls
TAGEBUCH EINES MÄDCHENSCHWARMS

DER AUTOR

Frank Hertel ist 42 Jahre alt und hat zwei Kinder, die Tochter ist neun, der Sohn vier. Weil Hertel unbedingt Schriftsteller werden wollte, musste er auf seine Kinder sehr viel aufpassen. Schriftsteller, die noch nicht superberühmt sind, müssen von zu Hause aus arbeiten. Das weiß Hertel jetzt auch. Der Autor der 111 Regeln für Söhne und Töchter plaudert also gewissermaßen aus dem Nähkästchen. Außerdem ist Hertel Soziologe und Oberfranke. Er wohnt aber seit 2000 in Oberbayern und mit Soziologie hat er auch nicht mehr viel am Hut.

Frank Hertel
111 REGELN FÜR MEINEN SOHN
Eine liebevolle Anleitung zum Erwachsenwerden
Mit Illustrationen von Jana Moskito

ISBN 978-3-86265-317-1

1. Auflage August 2013

Lektorat: Uta Alder
Coverfotos: © flo-flash | © Bratscher (beide www.photocase.de)

KATALOG
Wir senden Ihnen gern kostenlos unseren Katalog.
Schwarzkopf & Schwarzkopf Verlag GmbH
Kastanienallee 32, 10435 Berlin
Telefon: 030 – 44 33 63 00
Fax: 030 – 44 33 63 044

INTERNET | E-MAIL
www.schwarzkopf-schwarzkopf.de
info@schwarzkopf-schwarzkopf.de